FRIEDRICH CHRISTOPH OETINGER

Selbstbiographie

Genealogie der reellen Gedanken
eines Gottesgelehrten

herausgegeben
und mit Einführung und Anmerkungen versehen
von Dr. theol. J. Roessle

VERLAG ERNST FRANZ METZINGEN/WÜRTT.

ZEUGNISSE DER SCHWABENVÄTER

Band I

CIP-Titelaufnahme der Deutschen Bibilothek

Oetinger, Friedrich Christoph:
Selbstbiographie : Genealogie der reellen Gedanken eines Gottesgelehrten / Friedrich Christoph Oetinger. - 3. Auflage - Metzingen/Württ. : Franz, 1990
ISBN 3–7722–0035–4
NE: GT

Fotomechanischer Nachdruck

Herstellung: Heinzelmann Druck-Service, Metzingen

Friedrich Christoph Oetinger — Nach einem Gemälde von Karl Möhrle

Zur Einführung

Friedrich Christoph Oetinger hat die »Genealogie der reellen Gedanken eines Gottesgelehrten« 1762 oder 1764 verfaßt. Ein von Oetingers Hand geschriebenes Exemplar der Genealogie ist zur Zeit nicht bekannt. Einer der ersten Herausgeber bemerkt (1818), daß »der Lebenslauf des Verfassers seine Schriften sehr beleuchtet und schon großen Segen verbreitet hat«. Er ist also in verschiedenen Abschriften im Umlauf gewesen. Dies bestätigt Gotthilf Heinrich Schubert, wenn er in seiner Ausgabe der Genealogie (1824) schreibt: »Der Stammbaum der Gesinnung und Erkenntnisse eines solchen Menschen ist wohl einer genaueren Betrachtung wert. Er ist enthalten in einem Aufsatz, der lange schon schriftlich unter den zahlreichen Verehrern und Freunden des Seligen, besonders in Württemberg, kursiert hat.« C. G. Barth, der in seinen »Süddeutschen Originalien« (1828) Auszüge aus der Genealogie bietet, schreibt in dem Vorwort zu Heft 2: »Durch eine günstige Schickung bin ich in den Besitz seines eigenhändigen Manuskriptes gekommen, das er bis in sein Alter als eine Art von Tagebuch fortgesetzt hat«. Er hatte die Absicht, das Manuskript zu veröffentlichen. In dem Vorwort kündigte er die Herausgabe an: »Da schon ein kurzer unvollständiger Auszug davon (mitgeteilt in einem Bande seiner Predigten und in Schuberts »Altes und Neues« – zweiter Teil) viele Leser sehr angezogen hat, so wird das vollständige höchstinteressante Werk, das einen mäßigen Oktavband füllen mag, diese Wirkung umso weniger verfehlen«. Barth ist leider nicht dazu gekommen, die Genealogie herauszugeben. Er hat auch seinen Plan, eine Biographie Oetingers zu schreiben, nicht ausführen können. Er wäre ohne Zweifel der berufene Mann für eine solche Aufgabe gewesen. Weiteren Aufschluß über die Geschichte des Oetingerschen Manuskriptes gibt K. Chr. E. Ehmann in seinem bedeutsamen und auch heute noch nicht überholten Werk »Friedrich Christoph Oetingers Leben und Briefe als urkundlicher Kommentar zu dessen Schriften« (1859). Er berichtet von vier Manuskripten, von denen ihm aber nur drei zur Verfügung standen, »deren eines von Johann Friedrich Oetinger, dem Sohn des Verfassers, das andere von K. F. Harttmann herzurühren, das dritte nur eine Kopie des ersteren (von Pfarrer Prescher?) zu sein scheint. Ein viertes, welches den gedruckten Ausgaben zur Grundlage diente und im Besitz des Herrn Dr. von Barth in Calw war, fand sich nicht mehr vor und ist vielleicht für immer verloren gegangen. Der Verlust wäre umsomehr zu beklagen, als dieses Manuskript das einzige war, welches noch einzelne Reste von des Verfassers Hand enthielt.«

Ehmann bemerkt in seinem Werk über Oetinger, daß er »vor allem großen Fleiß auf die Herstellung des ursprünglichen Textes der Selbstbiographie verwandt« habe. Es ist daher in der vorliegenden Ausgabe der Genealogie der Ehmannsche Text zugrunde gelegt worden. Er ist in vorsichtiger und behutsamer Weise der heutigen Rechtschreibung und dem modernen Stilempfinden angepaßt worden. Es war dem Herausgeber wohl bewußt, daß er es mit einem der bedeutsamsten Werke des schwäbischen und auch des deutschen Pietismus zu tun hatte. Oetingers Genealogie gehört zu den klassischen Zeugnissen des Pietismus überhaupt. Die Notwendigkeit einer Bearbeitung des Textes für den modernen Leser hat bereits Stadtpfarrer Herzog betont, der wohl neben Ehmann der beste Kenner von Oetingers Leben und Theologie gewesen ist. Es sei hier an sein Werk »Friedrich Christoph Oetinger – Ein Lebens- und Charakterbild aus seinen Selbstbekenntnissen und Schriften« (1902) erinnert. Er sagt über die Sprache Oetingers: »Die Schwere, Ungewandtheit und teilweise Nachlässigkeit seines Stils verstellt den Wert und die Schönheit seiner Gedanken«. Oetinger teilt diese Schwäche mit vielen Theologen des 18. Jahrhunderts. Man darf dabei nicht vergessen, daß in Oetingers Tagen die Sprache der Gelehrten noch weithin das Lateinische gewesen ist und daß die Umwelt, in der sie lebten, von der französischen Kultur bestimmt und geprägt wurde. Daher kann es nicht wundernehmen, wenn in Oetingers Stil oft in einem Satz deutsche, lateinische und französische Wendungen abwechseln.

Der Herausgeber hat den Text der Genealogie so bearbeitet, daß ihn auch der Leser versteht, der die notwendigen theologischen Voraussetzungen nicht mitbringt. Manchmal mußte auf eine Übersetzung bestimmter Ausdrücke verzichtet werden. Es sei als Beispiel das Wort »Serenissimus« angeführt. Die Wiedergabe mit »Seine Durchlaucht« würde in vielen Fällen den Sinn nicht getroffen haben. Bei der Übersetzung von Fremdwörtern lag es natürlich nahe, Worte stehen zu lassen, die auch dem Leser von heute bekannt sein können. Da aber die Grenze zwischen bekannten und weniger bekannten Fremdwörtern schwer zu ziehen ist, entschied sich der Herausgeber meist für ihre Übersetzung. Öfters sind auch allzu lange Sätze aufgeteilt worden.

Die Bezeichnung »Selbstbiographie« kann für Oetingers Schrift nur bedingt zutreffen. Ohne Zweifel enthält sie zahlreiche, für die Kenntnis der Lebensgeschichte des großen Theologen wertvolle biographische Notizen. Doch Oetingers Absicht war es nicht, eine Selbstbiographie zu schreiben; er wollte vielmehr die Entstehungsgeschichte seiner Theologie darstellen, deren Aufgabe er in seinem größten Werk »Theologie, aus der Idee des Lebens abgeleitet« (1765) mit den Worten umschrieben hat: »Alle Theologie, die natürliche wie die übernatürliche (geoffenbarte), die der gegenwärtigen wie der zukünftigen Weltzeit, hat die Ehre und Verherrlichung Gottes zum Ziele«.

Hier möge noch eine Aufstellung der wichtigsten Ausgaben der »Genealogie der reellen Gedanken eines Gottesgelehrten« folgen:

1. Genealogie der reellen Gedanken eines Gottesgelehrten (in: Friedrich Christoph Oetinger: Neue herausgekommene Evangelien, Predigten, Reutlingen, 1818, Seite V – XLII).

2. Ein merkwürdiger Stammbaum (in G. H. Schubert: Altes und Neues, Band II, 1824, Seite 437 – 485).

3. Julius Hamberger: Des württembergischen Prälaten Friedrich Christoph Oetingers Selbstbiographie mit einem Vorwort von G. H. von Schubert, Stuttgart 1845.

4. M. Friedrich Christoph Oetingers Lebensabriß, von ihm selbst entworfen, Stuttgart 1849. In dem Vorwort bemerkt der Herausgeber: »Der hier mitgeteilte vollständigere Lebensabriß Oetingers wäre auf den Wunsch der Freunde seiner Schriften schon 1815 [soll wohl heißen 1818] der zweiten Auflage seiner 1780 erschienenen Predigten über die Evangelien beigedruckt worden; man beschränkte sich jedoch – der damaligen Verhältnisse wegen – darauf, einen Auszug aus demselben mit einem kleinen Nachtrag und der Leichenpredigt statt einer Vorrede vorandrucken zu lassen.«

5. Karl Chr. Eberhard Ehmann: Friedrich Christoph Oetingers Leben und Briefe, 1859 (Genealogie der reellen Gedanken eines Gottesgelehrten, ab Seite 1 in den biographischen Text eingestreut - »Schluß der Selbstbiographie« Seite 326 bis 327).

6. Samuel Schaible: Friedrich Christoph Oetingers Leben von ihm selbst beschrieben, Schwäb. Gmünd, 1927.

Auszüge aus Oetingers Genealogie bieten:

1. C. G. Barth: Süddeutsche Originalien, Zweites Heft, 1829, Seite 43 – 50.

2. Oskar Wächter: Bengel und Oetinger, 1886, Seite 141 bis 235.

3. Joh. Herzog: Friedrich Christoph Oetinger, 1902, Seite 12 und folgende.

4. Otto Herpel: Friedrich Christoph Oetinger, Die heilige Philosophie, 1923, Seite 5 und folgende.

Joh. Herzog sagt in seiner Oetingerbiographie über die »Genealogie der reellen Gedanken eines Gottesgelehrten«: »Sie ist so eigenartig wie er selbst: für einen Leser, der sich nicht sehr Mühe gibt und kein Freund des tieferen Nachdenkens ist, ein Buch mit sieben Siegeln«. Sie ist das aber nicht nur ihrer Sprache wegen, sondern auch wegen der Fülle theologischer und philosophischer Systeme, die Oetinger durchforscht hat und die unserer Zeit heute weithin fremd sind. Es sei nur an die Kabbala und die Leibniz-Wolff'sche Philosophie erinnert. Die Anmerkungen am Ende des Buches wollen dem Leser zum Verständnis der Geisteswelt verhelfen, in der Oetinger lebte. Sie lassen ihn beim aufmerksamen Lesen der Genealogie erkennen, daß es für Oetinger keine Wissenschaft gab, die er nicht in den Kreis seiner Betrachtung gezogen hätte. Dabei ist er nicht der Mann, der nun aus allen wissenschaftlichen Systemen Bausteine zusammenträgt, um daraus ein eignes System aufzubauen. Er ist vielmehr ein Denker von ursprünglicher Kraft und Tiefe.

Möge die Herausgabe der Oetingerschen Genealogie dazu dienen, Oetinger und sein Lebenswerk der Gegenwart wieder näher zu bringen.

Genealogie

der reellen Gedanken eines Gottesgelehrten *

1. durch die Stimme der Weisheit auf der Gasse, das ist durch die Philosophie,

2. durch den Sinn und Geist der Heiligen Schrift,

3. durch die äußeren Schickungen Gottes.

I. Alle Gedanken werden von Gott durch Mittel gebildet.

Ein jeder bestandhaltende Gedanke von göttlichen Dingen, der durch diese drei Mittel gezeugt wird, ist eine Offenbarung Gottes. Es gibt keine übernatürliche Wirkung Gottes, in der nicht auch eine natürliche mit dabei ist (Psalm 18, 7 – 16); es gibt aber viele natürliche Wirkungen, bei denen keine übernatürliche ist. Dies muß man zugrunde legen.

Wenn nun die Gedanken eines Gottesgelehrten nicht durch diese drei Mittel miteinander gebildet werden, wenn nur eins allein dazu beiträgt, dann entsteht eine mangelhafte, unzulängliche, zum Lehren anderer ungeschickte, ja selbst unlautere Erkenntnis, die bald zu viel, bald zu wenig tut, bald zu hoch, bald zu niedrig verfährt, bald unmögliche,

* Entstehungsgeschichte der wahren (gegründeten) Gedanken eines Gottesgelehrten

bald überflüssige, bald unverständliche Sachen von anderen fordert, die man selbst nicht tut und womit man sich selbst in seinem Tun widerspricht.

II. Wodurch Gott die Menschen lehre.

Alles, was Gott tut, tut er mittel- und unmittelbar zugleich. Das Unmittelbare ist uns unbegreiflich; es geht über alle Vernunft. Es geschieht bald auf eine allgemeine, viele Menschen zugleich bewegende Weise, bald durch eine individuelle Gnadenführung. Das Mittelbare aber ist begreiflich, dem Gewissen offenbar und hat gewisse Kennzeichen der göttlichen Gegenwart. Wer nun allein durch das Unmittelbare unterwiesen werden will, der gleicht dem Eliphas, der nichts als Stimmen der Engel zum Grund hatte (Hiob 4, 13). Wer allein durch die Stimme der Weisheit auf der Gasse unterwiesen werden will, gleicht dem Bildad. Und wer nur durch die Schrift allein ohne die Schickungen Gottes und ohne die Weisheit auf der Gasse unterwiesen werden will, gleicht dem Zophar. Alle diese drei bekommen eine sektiererische, andere bloß nachahmende Erkenntnis. Elihu lehrt uns alles zusammenzunehmen, und ihm pflichtet Gott mit seinen Aussprüchen bei.

Gott lehrt die Menschen, was sie wissen. Er bildet allen das Herz. Aber das geschieht nicht bloß unmittelbar, sondern durch alles, wodurch Gott von innen und außen auf die Menschen wirkt. Es muß ihm alles dienen, alles ist sein Werkzeug; Feuer, Hagel, Sturmwinde richten sein Wort aus (Psalm 18, 8 – 16). Und nach dem Fall wirkt Gott auf alle von innen heraus durch seinen Geist wie die innere, ewige Kraft aus allen Kreaturen oder wie die Wärme, die in allen ist. Da wirkt er von innen eine verborgene Lust zu ihm, eine verborgene Unruhe, wenn man seine Züge verfehlt, Angst, wenn man anders will, als er will, oder gegen die

Ordnung handelt, die er nach dem Fall aufgerichtet hat, oder wenn man durch Laster seine eigne Seele verletzt. Er wirkt Furcht, Sehnen, Verlangen, Vertrauen, kurz: die Ausbreitung oder die Zusammenziehung des Herzens, davon so oft in den Psalmen geschrieben steht.

Auch *Seneca*[1]* und *Cicero*[2] reden geradeso davon, wie die Weisheit der Sprüche Salomos, weil es eine allgemeine Wirkung Gottes ist und Gott die Erkenntnis seiner selbst (Römer 1, 19–21) in allen gleichmäßig wirkt: »Es wohnt ein heiliger Geist in uns, ein Beobachter und Hüter des Guten und Bösen, der, je nachdem er von uns behandelt wird, uns wieder behandelt« (Seneca, 41. Brief). – »Die Gesetze sind nicht etwa eine Satzung der Völker, sondern etwas Ewiges, welches die Welt regieren sollte, nämlich die Weisheit zu gebieten und zu verbieten« (Cicero »Von den Gesetzen«, 2. Buch, 4. Kapitel).

Von außen wirkt Gott durch die Geschichte, durch Belohnung und Bestrafung im und ohne Verhältnis zu den Tugenden und Lastern, doch meistens im Verhältnis zu denselben, durch besondere Gelegenheiten, die er uns anbietet und die wir entweder versäumen oder ergreifen, durch gute Lehren und Hinweise, durch Beispiele, durch öffentliche Disputationen, wodurch die Wahrheit auf den Universitäten sorgfältig untersucht und gelehrt wird, ja durch tausend Dinge, wie in der Lehre vom Bau des menschlichen Körpers viele tausend Kanäle und mittelbare Handreichungen beschrieben sind. Und was diese in der Naturkunde sind, das sind im moralischen Bereich die Sprüche und der Prediger Salomo. Da sind die unzähligen innerlichen und äußerlichen Wirkungen der Weisheit und die Hinweise des ewigen Wortes auf Christus alle beschrieben. Wer diese versäumt, der sagt: Ich halte es mit Paulus, mit Petrus, mit Apollos oder mit Christus, alles aber im sektiererischen Trieb, und das wird lauter Zank, Unruhe, Qual und Pein im Herzen hervorbringen, weil man den

* Siehe Anmerkungen ab Seite 115

Hinweis der Weisheit auf Christus verachtet und dem eigenen Dünkel folgt. Da kann man auch des Geistes Jesu in seinem Wort nicht gewiß werden; denn der Geist Jesu lehrt mit Hilfe von äußerlichen Mitteln.

Die *Kerinthianer*[3] haben im Gegensatz zu Johannes eine unmittelbare, quäkerische[4] Erkenntnis Gottes dem Wasser, Blut und Geist Jesu vorgezogen. Daraus kam so viel umstürzende Irrung. Es ist kein Wunder, wenn einer heutzutage, da die Kirche in der Zerstreuung ist, die rechte Lauterkeit nicht bald findet. Es ist schwer, sie zu treffen, wenn man nicht alles aufrichtigst gebraucht, wodurch die Geduld zu einem vollkommenen Werk gebracht wird. Habt Salz bei euch zum Frieden, oder ihr werdet mit einem andern Feuer gesalzen werden! Dies muß man besonders dann haben, wenn man Natur und Gnade beurteilen will.

1. Die Weisheit auf der Gasse, der *sensus communis,* lehrt uns alles, was zur Grundweisheit gehört. Darum, wenn es auch auf den Universitäten noch so sehr an rechter Anwendung bei den Zuhörern fehlt, so ist doch der allgemeine Hinweis auf die Logik, Metaphysik und Mathematik ein Werkzeug der allgegenwärtigen Weisheit, die zu verachten ein Eliphas leicht verführt werden kann; denn er bedenkt nicht, daß Geist und Gnade die Natur zum Werkzeug gebrauchen, wie dies das ganze Neue Testament zeigt.

Wenn Jesus Christus jetzt auf der Erde wandelte, würde er ganz anders sprechen, als ein heutiger Eliphas, Bildad und Zophar dies aus andächtiger Meinung nach ihren nachgeäfften Gründen tun. Er würde seine Worte nach den Sprüchen Salomos verstanden haben wollen, und alle, die meinen, ohne Hochachtung vor diesen wohl daran zu sein, werden zuschanden werden; denn sie trennen, was zusammengehört: Schrift und Kraft Gottes.

2. Der Sinn der Heiligen Schrift bringt die Wahrheit ins Ganze. Ohne diesen kann nichts Gewisses in göttlichen Dingen bestimmt werden. Weil aber der bloße Buchstabe tötet

und irreführt, womit sich alle Sekten beschönigen, so müssen der Geist und die Kraft, welche uns treibt, aus der völligen Ähnlichkeit und dem Verhältnis aller Teile mit dem Ganzen zu handeln, dazu kommen; denn der Geist macht lebendig. Unter allen Buchstaben der Schrift liegt der Geist. Ich kann aber etwas aus gutem Geist schreiben, und der Leser kann doch aus kurzsichtiger, unrichtiger Deutung einzelner Worte meines Sinnes verfehlen. Wer indessen mit geradem Herzen alles zusammennimmt, verfehlt des Geistes nicht.

Es haben aber die Galater des Geistes verfehlt, sobald sie sich durch die Furcht vor der Verfolgung der Christen haben überwinden und durch die Lust nach den Vorrechten der Juden haben reizen lassen. Die Korinther haben des Geistes verfehlt, sobald sie Petrus und dessen sektiererischen Apostel (2. Korinther 11, 4) höher gehalten haben als Paulus, sobald sie sich an des Paulus angeblichem Leichtsinn, schwacher Stimme, kleiner Person, vermeintlichem Wandel nach dem Fleisch (2. Korinther 10, 2. 3), Verfolgung und anderen Nebendingen geärgert haben. Paulus wies sie auf die Hauptsache, auf Gold, Silber, Edelsteine, die auf Christus im Geist gebaut werden sollen. Er wies sie auf die Vollkommenheit des Verständnisses, welche die Weisheit durch Ordnung der Dinge lehrt (1. Korinther 14, 20). Er wies sie auf Gottes Schickungen, wodurch sie sehen könnten, daß Paulus nicht geringer sei als Petrus. Und Paulus überzeugte sie sehr schlußmäßig*, damit sie, die den Geist anfangs empfangen hatten, ihn durch verkehrte und falsche Schlüsse nicht verlieren.

Ein gerades Herz, das sich selbst nicht viel zutraut, sondern das Kleinste an sich auf gewisse Probe setzt, läßt kein Urteil weder aus Vertrauen auf sein Gebet oder aus Eifer des guten Willens noch aus Nachlassen des Suchens und Anklopfens aufkommen, und wo es dies nicht hat, setzt es

* Schlußmäßig überzeugen heißt, jemand durch einen Schluß überzeugen. »Schluß« ist die Ableitung eines Urteils aus einem oder mehreren anderen Urteilen. Das Ergebnis dieser Ableitung ist der Schlußsatz.

alles Urteil aus und wartet, bis die entwickelte Sache mehr Tatsachen für einen gewissen Schluß liefert.

Es ist eine unmittelbare Kraft von Christus im Herzen; es ist ein Friede da über alle Vernunft. Auf diese kommt sehr viel an; aber man wird eben dadurch irregeführt, wenn man das Mittelbare nicht dazunimmt. Das Unmittelbare ist oft wie ein Strom der Liebe Gottes. *Ruysbroek*[5] sagt wunderschön, man müsse widerstehen mit Erleuchtung des Verstandes (siehe im »Biblischen und emblematischen Wörterbuch«[6] den Artikel »Gnade«). Ich bin Zeuge dieser hohen Sache. Ich habe es auf meinen Reisen an manchem nicht flüchtig, sondern genau gesehen.

Aber ebenso wird man irregeführt, wenn man das Mittelbare über jenes erhebt und alle Weissagung verachtet oder gering über die Achsel ansieht. So ist demnach auf allen Seiten Gefahr, daß die, welche sich durch die Schrift allein verwahren wollen (Jeremia 8, 8. 9), durch den kritischen Verstand des Buchstabens irregeführt werden, und daß sie sich weder durch die Stimme der Weisheit in der Natur, wohin doch die Heilige Schrift so oft weist, noch durch die Schikkungen Gottes zur Gewißheit des Sinnes ziehen und sich in der Wahrheit heiligen lassen.

Es ist in gegenwärtiger Zeit nötig, von dem Buchstaben und Geist aus dem Geist zu schreiben. Redliche Seelen haben es schon alles. Ihnen zulieb wäre es nicht nötig; aber andere haben es nötig.

3. Die Schickungen Gottes sind auch ein großes Mittel zur Gewißheit des Sinnes. Sie erstrecken sich so weit, daß man mit wenigen Worten nicht davon schreiben kann. Die Geschichten kommen alle von Gottes Hand. Jesus regiert alle Geschichten. Darum soll man ein sehendes Auge und ein hörendes Ohr haben, oder man fehlt tausendmal aus Vertrauen auf die Kritik. Der Heilige Geist wirkt nicht bloß durch unmittelbare Einwirkungen und Berührungen, sondern er überkleidet sich durch unzählige natürliche und übernatürliche Bewegungen.

III. Umständliche Erzählung von einem Gottesgelehrten, der sich dieser drei Mittel von Kindheit an, doch nicht ohne Unterbrechung, bedient hat.

Man hat mich gebeten, einen Aufsatz zu machen, wie meine Gedanken in der Theologie zum Bestand gebracht und nach ihrer Entstehungsgeschichte mit Hilfe dieser drei mittelbar zusammengenommenen Werkzeuge auseinander gebildet worden sind, womit der Geist Gottes bald natürlich, bald übernatürlich, ja auf beide Arten zugleich wirkt. Ich will es tun, obwohl es schwer zu beschreiben ist.

Kindheit und Schulzeit *

Diejenigen, welche in meiner zarten Kindheit auf mich, als ein Kind auf den Armen, achtgegeben haben, sagen mir, man habe mich das einfältige Friederlein geheißen. In Schorndorf hat mich eine sehr kluge Jungfrau namens *Agnes Wölfing* auferzogen. Ich erinnere mich ihres Ernstes noch auf ihren Armen. Sie sagen, ich sei in meinem Gesicht ohne viel Ausdruck gewesen, habe lange in eine Ecke schauen können und sei bei allem Tätigkeitsdrang doch ruhiger Art gewesen. Darum haben sie mir diesen Namen gegeben.

Es nützt vielleicht wenig, solche Dinge anzuführen; jedoch weil Gott nach dem Zeugnis aller Psalmen und aller Ausdrücke der Heiligen Schrift das Herz des Menschen sowohl durch allerlei äußerliche Zufälle und Schickungen, als auch durch innere geheime Züge bildet, so dient es dazu zu zeigen, wie reelle [mit dem wirklichen Sein übereinstimmende] Gedanken und nicht nur spiegelhafte, scheinbare Vorstellungen (von denen ich in dem Büchlein »Etwas Ganzes vom Evangelium«[7] gehandelt habe) gezeugt und gebildet werden.

* Die Überschriften der einzelnen Abschnitte sind vom Herausgeber hinzugefügt worden.

Als ich von Schorndorf in meinen Geburtsort* zurückkam, hatte ich den Bruder meiner Mutter, *M. Wölfing*, als Lehrer. Dieser war ein gebrechlicher Mensch mit schwachen Augen, der deshalb nicht viel zum Unterrichten taugte; er war jedoch gottesfürchtig. Er ließ mich viele Lieder auswendig lernen. Einstmals, zwischen dem sechsten und siebten Lebensjahr, legte ich mich nach Gewohnheit neben ihm schlafen. Vor dem Einschlafen mußte ich einen ganzen Rosenkranz von Liedern herbeten. Endlich wurde ich etwas ungeduldig und dachte: »Wenn ich doch auch wüßte, was ich bete! Ich kam an das Lied: »Schwing dich auf zu deinem Gott, du betrübte Seele!« Nichts von Betrübnis wissend, wurde ich heftig angetrieben zu verstehen, was es sei, sich zu Gott aufzuschwingen. Ich bemühte mich inwendig darum vor Gott, und siehe, da empfand ich mich aufgeschwungen in Gott. Ich betete mein Lied ganz aus. Da war kein Wort, das nicht ein deutliches Licht in meiner Seele hinterließ. In meinem Leben habe ich nichts Fröhlicheres empfunden. Und das hatte in der folgenden Zeit die Wirkung, daß ich, wenn ein heftiges Donnerwetter mit Schlägen und Blitzen kam, vor dem sich mein Vater hinter dem Bettumhang verbarg, getrost dachte: Ich fürchte mich nicht, weil ich weiß, wie man zu Gott betet. Das blieb eine gute Zeit so und hatte einen Einfluß auf mein ganzes Leben; denn ich setzte es mir zum Muster: Alles, was ich lernte, müßte ich geradeso verstehen. Das verursachte hernach, daß ich die schlechten Ideen meines Lehrers verachtete. Was ich hörte, tat mir nicht genug; denn es kam der unbeschreiblichen Lebendigkeit jener ersten Gedanken nicht bei.

Bei Nacht hatte ich auch sehr eindrückliche Träume von den Gefängnissen der Unseligen nach dem Tod. Ich sah eine alte, ehrwürdige Matrone mit dem Schlüssel die Gemächer öffnen, wo ich dann tief in die Behältnisse der verschiedenen Unseligen hineinsah und ihr Zetergeschrei hörte. Dies war das Schrecklichste unter den Eindrücken jener Zeit, wie

* Göppingen

das Erlebnis mit dem Lied das Angenehmste war. Beides hatte auf die spätere Bildung meiner Gedanken viel Einwirkung.

Inzwischen verloren sich diese Eindrücke unter der harten Behandlung meines Vaters, meines Hauslehrers und meines Präzeptors *Kocher,* der ein wahrer Orbilius (Schlaghart)[8] war mit Schlagen, Hauen und unsinnigen Strafen wegen zweier oder dreier Wörter, die ich nicht auswendig konnte. Dies verbitterte mir so mein Leben, daß ich endlich fluchen lernte und vor Ungeduld ausrief, was ich im Hübner[9] gelesen hatte:

»Natur, du hast ja sonst
manch Monstrum [Ungeheuer] ausgebildet,
ach, warum hast du mich
nicht auch dazu gemacht!«

So mußte ich mein Leben bis ins vierzehnte Jahr zubringen, und der Zorn und Grimm machten mich so böse, daß ich fluchte wie ein hamburgischer Schiffer, und daraus folgten dann ein von Gott abtrünniges Leben und viele Sünden der Jugend, doch immer mit viel Zaum und Bewahrung.

Es geschah gegen das vierzehnte Jahr meines Alters – damals mußte ich auf Geheiß meines Vaters alle Predigten des Herrn Spezials* *Hochstetter,* des Herrn Helfers** *Bilfinger* und des Herrn Helfers *Gütler* nachschreiben und dabei mit meinem Vater besonders am Sonntag viel auf den Knien beten –, daß meine Mutter, ein edles, kluges Gemüt, aber des inwendigen Weges unerfahren, mir an einem Sonntag, als sie spazierengehen wollte, aufgab, in der Bibel zu lesen. Sie sagte: »Ich befehle dir, nicht vom Stuhl aufzustehen, bis du etliche Kapitel aus der Bibel gelesen hast«. Ich dachte: Ja, ihr könnt schon befehlen; ihr geht spazieren, und ich soll nun lesen! Doch ich schlug in mich und sagte zu mir selbst:

* Abgekürzt aus: Spezialsuperintendent, damals der Dekan

** Damals der zweite Stadtpfarrer

Weil ich muß, darum will ich! Ich fand den Propheten Jesaja und blätterte hier und da. Weil ich wußte, daß ich böse geworden war und die Züge Gottes in der Kindheit hintangesetzt hatte, so empfand ich all mein Böses sehr tief; ich hatte aber einen verborgenen Hang zur Umkehr zu Gott, besonders da ich mich seitdem so schrecklich vor Gewittern fürchtete. Ich bekam die Stelle Jesaja 54, 11 – 14 zu Gesicht. Ich las mit Begierde, ich seufzte und sprach zu mir selbst: Wie schön liest sich das! Wenn diese schönen Sachen mich angingen, so wäre es der Mühe wert, mich zu bekehren. Ich las nun mit neuer Begierde in den Kapiteln fort und fand, besonders im letzten Kapitel, daß Gott nicht mit mir, sondern mit Jerusalem und mit dem Land Israel redete. Die Gedankengänge kamen mir unausdenklich schön vor. Sie lagen mir immer im Sinn. Ich vergaß sie aber wieder unter den scharfen Züchtigungen meines Präzeptors und meines Hauslehrers. Dies war aber trotzdem die Grundlage für mein im Jahr 1739 herausgegebenes Büchlein: »Etwas Ganzes vom Evangelium«.

Meinem Hauslehrer und meinem Präzeptor war ich so feind, daß ich ihnen mit Gift hätte vergelten können. Ich faßte den Entschluß, wenn mich mein Präzeptor wieder um etlicher Wörter willen mit der Rute – mit Verlaub zu sagen – auf den Hintern hauen würde, so wollte ich mir eher Arm und Bein ausreißen lassen oder sonst davonlaufen und mich mit dem Schiff über Holland nach Amerika begeben. Diese grimmigen Vorsätze ließen dann die Gedanken des Wohlgefallens an dem erhabenen Stil der Heiligen Schrift, den ich schon bemerkt hatte, nicht aufkommen. Ich sah das Bild meines erstgeborenen verstorbenen Bruders mit Tränen und Seufzen an und dachte: Ach, wenn doch ein Mensch, ein Bruder lebte, dem ich meine Not klagen könnte! Mein Hauslehrer erfüllte mich so mit Zorn, daß ich, ohne es von ihm zu lernen, meine Klagen in Verse brachte. Da lernte ich vor Zorn deutsche Verse machen. Aus verschiedenen Anlässen verfaßte ich in jener Zeit auch allerlei passende Gelegenheitsgedichte. Der Zorn machte mich auch ohne Verse beredt; denn ich setzte mich hin und schrieb für meinen Vater eine lateinische Rede gegen meinen Präzeptor und drohte, wenn er mich nicht aus der Schule dieses Tyrannen nähme, so würde ich etwas tun, dessen sich die Eltern nicht zu mir versähen. Mein Vater merkte, daß es mir ernst war und nahm mich aus der Schule.

Da las ich nun alle Bücher durch, die ich fand, besonders geschichtliche Werke. Ich bettelte überall Geld zusammen, um neue Bücher kaufen zu können. Ich kaufte mir alle die sogenannten »Staaten von Europa, Asien, Afrika und Amerika«. Ich las zur selben Zeit auch viele Reisebeschreibungen, betrachtete genau die Naturgeschichte aller Weltgegenden, der Pflanzen, der Tiere und anderer Seltenheiten, woran ich meine einzige Freude hatte. Ich bekam Lust, Jurist und Staatsbeamter zu werden, zumal da ich eine ehrgeizige Mutter hatte, die mir tausend Sachen vorsagte, was der darmstädtische Kanzler und Geheimrat *Mascowsky*[10] für ein liebenswürdiger und gewandter Staatsmann, Dichter, Redner, Handliniendeuter und Kenner der äußeren Erscheinung eines Menschen gewesen sei, den sie als Vogtstochter in Tübingen von Jugend auf gekannt und der immer schöne Briefe mit ihr gewechselt habe. Dabei las ich *Geßners* Naturgeschichte[11] mit größter Begierde.

Ich las eines Nachts um ein und zwei Uhr noch in diesem Buch. Da hörte ich plötzlich ein Geschrei, die Mutter wolle sterben. Es befiel sie (im Jahr 1715) ein außerordentlicher Blutsturz, und sie lag wie tot auf dem Bett. Ich sah es mit Schrecken, ging sogleich wieder in mein oberes Zimmer, warf mich vor Gott auf mein Angesicht und bat mit voller Zuversicht um ihr Leben. Meine Mutter erzählte mir nachher, sie habe mich vor allen schreien und beten hören. Nachdem es aber schien, als sei sie wirklich erkaltet, trotzte ich mit Gott und sagte: »Bist du nicht ein grausamer Gott? Ich habe so stark geglaubt, ich hätte sie erbeten, und nun stirbt sie doch!« Sie kam aber durch die Essentia dulcis[12] wieder auf, und ich erquickte mich hernach, daß Gott mein Gebet erhört hatte.

Alle diese Schickungen bereiteten mich vor auf meine künftig von Gott auszubildenden Gedanken in der Naturlehre und der Theologie.

Auf der Klosterschule in Blaubeuren

Nachdem die Mutter wieder gesund geworden war, reiste sie nach Blaubeuren zu dem Klosterprofessor *Weißensee*[13], dem nachmaligen Propst in Denkendorf. Als sie zurückgekommen war, erzählte sie mir wunderschöne Sachen von der Höflichkeit, der Geschicklichkeit und der Anmut seines Vortrages und sprach: »Zu diesem Mann mußt du ins Kloster[14]«. Bald darauf geschah es, daß ich von gnädigster Herrschaft ins Kloster Blaubeuren aufgenommen wurde. Unter fünfundzwanzig Kursgenossen bin ich der zweite geworden. Das war im Jahr 1717, als ich schon ins fünfzehnte Lebensjahr eingetreten war.

Als ich in Blaubeuren war, hatte ich Weißensee zum Lehrer und *Johann Wendel Bilfinger*[15] zum Prälaten. Weißensee war nicht nur in der Naturgeschichte daheim, sondern er war auch ein tiefer mystischer Theologe, der hervorragendste Dichter in Württemberg, der schönste Redner und der pünktlichste Geometer. Insgesamt brachte ich in Blaubeuren drei Jahre zu. Weißensee vermittelte mir ganz neue Ideen von der Mystik, vom Gebet und von Telemachs Erziehung durch Mentor aus dem bekannten Buch von *Fénelon*[16]. Diesen französischen Schriftsteller hat er gar schön mit uns durchgenommen. Als *Herzog Eberhard Ludwig*[17] nach Blaubeuren kam, machte ich ihm sogleich ein französisches Gedicht.

Bald darauf kam Professor *August Hermann Francke*[18] nach Blaubeuren. Dieser verbesserte Weißensees mystische und *Arnoldische* Ideen[19]. Den Seminaristen hielt er schöne eindringliche Reden, die mich sehr tief gerührt haben. Wir schrieben auch in Ulm seine Predigten nach, und Francke ließ mich hernach von Halle aus immer grüßen.

Die Frau des Prälaten Bilfinger war eine überaus kluge alte Dame. Sie gab mir viele gute Lehren, erzählte mir auch viel von der Begabung ihres Sohnes, seinen Studien und Sitten und prophezeite ihm, wie es hernach auch eingetroffen ist, einen hohen Rang. Dieser, *Georg Bernhard Bilfinger*[20], war damals bei *Wolff*[21] in Halle, kam nachher nach Blaubeuren zurück, wurde in Tübingen außerordentlicher Professor der Philosophie, hernach Professor der Physik in Petersburg, von da zurückgekehrt Professor der Theologie in Tübingen und endlich Geheimrat und Staatsminister, der das ganze württembergische Land beherrschte.

Als ich dann und wann nach Hause kam, hörte ich, daß in Adelberg ein Chemiker Dr. *Kirchmajer* sei. Ich hatte heftige Lust ihn zu sehen, weil ich dachte, die Chemie gehe auf die Essenz der Dinge ein, hingegen das andere Studium nicht so sehr. Allein ich kam nicht zu ihm.

Ich kam wieder nach Blaubeuren. Da hatte Weißensee die löbliche Gewohnheit, jeden Seminaristen nach dem öffentlichen Abendgebet zu fragen, wie er seinen Tag zugebracht habe, was für Züge Gottes an sein Herz gekommen seien und was für Gedanken und Entschlüsse nach der guten Seite hin er hege. Er fragte mich oft, und ich antwortete, wie ich es erfuhr. Endlich wußte ich einmal nichts zu sagen. Er sprach: »Was hat Er denn heute gelesen?« Antwort: »*Boileau Despréaux*[22]!« – Was darin? – Antwort: »Sich des Guten zu schämen, sei der Grund alles Elends« [nach dem französischen Text: La honte du bien c'est là de tous nos maux le fatal fondement]. Das gefiel ihm sehr, und er sagte, dies sei ebenso gut wie die Anwendung eines Bibelspruchs. Ein andermal fragte er wieder. Da sagte ich, schon ehe ich ins Kloster gekommen sei, hätte ich auf den Befehl meiner Mutter im Jesaja gelesen und gefunden, daß die Sprüche in ihm ganze Länder und nicht einzelne Personen angingen; wie ich nun wissen könne, daß es mich angehe. Er antwortete mir, was allen gesagt werde, das sei auch mir gesagt. Ich aber schwieg still und dachte bei mir: Das habe ich wohl vorher gewußt. Auf diese Frage habe ich so lang auch sonst durch niemand eine ausreichende Antwort finden können, bis sie mir Gott durch seine Schickungen selber gezeigt hat. Es geschah nämlich zwei Jahre später, daß ich in meiner Vaterstadt Göppingen in ein Gespräch mit den Inspirierten[23] gekommen bin, die sich in Göppingen deshalb besonders oft eingefunden haben, weil Friedrich Rock[24] aus dem Göppinger Amt gebürtig war. Da wurde mir die von Weißensee gegebene unzulängliche Antwort ergänzt und zwar so, daß es dem klaren Denken und dem geistlichen Empfinden nach zureichend war, mich gewiß zu machen.

In Bebenhausen

Von Blaubeuren kam ich nach Bebenhausen in das höhere Kloster. Da war mein Prälat der alte Dr. *Johann Andreas Hochstetter*[25], dessen Sohn ihm später im Amt folgte. Meine Klosterlehrer waren *Weißmann* und *Canz*[26], der hernach der berühmte Professor geworden ist. Von Bebenhausen ging ich immer nach Tübingen und besuchte den außerordentlichen Professor *Bilfinger*, der mir Anleitung gab, wie ich alles folgerichtig studieren und in den Grundlagen jedes Faches lange verweilen sollte. Auf sein Anraten las ich auch die Logik des *Crousaz*[27] mit Ernst.

Ich war ein Jüngling von guter Gestalt, sehr lebhaft und hurtig und wegen des Studierens berühmt. Man versuchte mich daher hie und da, die Rechtswissenschaft zu studieren; dann wolle man mich zum Schwiegersohn annehmen und in der Welt zu etwas machen helfen. Dazu hatte meiner Mutter besonders der Geheimrat und Direktor *Osiander*[28], mit dem sie verwandt war, geraten und sie stark angereizt. Sie lag mir in den Ohren, die Theologie aufzugeben, zu der mich mein Vater bestimmt hatte, und nach Direktor Osianders Rat die Rechtswissenschaft zu studieren. Ich las deshalb die Bücher des *Thomasius*[29]. Das Studium der Theologie stellte ich mir schwer vor, besonders wegen der Austeilung des Abendmahls, vor dem mich schon als Knabe eine heilige Scheu angekommen war, und hing dem Gedanken, ein Staatsbeamter zu werden, heftig nach. Weil mich aber mein Vater, der mich von Mutterleibe an für die Theologie bestimmt hatte, mit einer Art von Fluch bedrohte, wenn ich gegen seine Entscheidung handeln würde, so wurde mir darüber sehr bange. Ich schrieb für und wider ganze Bogen voll von Überlegungen, las Fénelons Schrift »Der wahre Staatsmann« und konnte nicht zu einem Entschluß kommen.

Herr Weißmann und Herr Prälat Hochstetter sahen mich in meinen Zweifeln ganz mitleidig an. Herr Weißmann sagte: »Warum versäumt Er die Zeit, die Rechte zu studieren? Gehe Er doch einmal hin, wohin Ihn sein Zug neigt! Er taugt besser zur Welt als zu einem Geistlichen. Er hat Gaben für einen Staatsbeamten. Ich wüßte mir Ihn nicht vorzustellen als einen Andächtigen.« Darauf sprach ich bei mir selbst: »Mein Herr, wie wißt Ihr so wenig, was in meinem Innern für Gedanken sind! Ich habe eine viel größere Neigung zur Gottseligkeit, als der äußere Schein zu erkennen gibt.«

Mein Herr Prälat Hochstetter erinnerte mich oft daran, mich zu entscheiden und nicht in der Unentschlossenheit hängen zu bleiben; ich aber konnte nicht zum Entschluß kommen. Endlich forderte mich der Herr Prälat Hochstetter, ein sehr gerader und aufrichtiger Herr, ausdrücklich deswegen auf sein Zimmer und machte mir gleichsam befehlsweise die Auflage, mich zu entschließen. Ich wand ein, daß ich ebensoviel Gründe dafür als dagegen hätte und deshalb nicht könne. Da sagte er: »Dann gehe Er hinein nach Tübingen zu Seinem Vetter *Elias Cammerer*[30] (der die Schwester meiner Mutter zur Frau hatte), und was der Ihm sagt, das tue Er!« Ich ging hin, und er sprach: »Gehe Er nur aus dem Kloster; Er hat kein geistliches Fleisch!« Ich aber antwortete: »Mein Herr Vetter, Sie wissen nicht, wie mir ist; ich fürchte Gott im Verborgenen«. Dies erzählte ich geradeso dem Herrn Prälaten. Da entschied er: »So gehe Er hinein in seine Kammer, falle Er nieder vor Gott und bete Er um eine feste Entschließung!« Ich fuhr wie ein Pfeil in meine Kammer, fiel auf die Knie nieder und wollte beten; ich konnte aber nicht, weil ich ebensoviel Neigung zur Welt als zu Gott hatte. Mir ging es gerade wie dem *Augustinus,* der auch so zwischen zwei Möglichkeiten hing, als er sich zu Gott bekehren wollte.

Unterdessen kam mir in den Sinn: Was ist es hernach, wenn du auch die prächtigsten Kleider trägst, zu befehlen hast und allen Gipfel der Ehre erreichst? Es ist doch besser, Gott zu dienen. *Deo servire libertas,* Gott dienen ist Freiheit! Darauf rief ich Gott von ganzem Herzen an, mir alle Absichten auf die Welt aus der Seele zu nehmen, und dies geschah sogleich. Ich war nun vollkommen entschlossen, bei der Theologie zu bleiben, und sagte es sofort meinem Herrn Prälaten.

Von dieser Stunde an war ich ein anderer Mensch: Ich war nicht mehr galant in Kleidern, ging nicht mehr in Gesellschaft, redete wenig und las in Gottes Wort und nicht mehr im Cicero und anderen weltlichen Schriftstellern. Die Seminaristen sahen meine Veränderung und wunderten sich. Sie sahen mich oft durch ein Fensterlein in meinem Zimmer beten und kamen zu mir mit dem Verlangen, mit ihnen zu beten. Das tat ich einfältig.

Das Studieren auf weltliche Absichten entleidete mir so sehr, daß ich dachte, ich wolle jetzt sogleich Theologie studieren und die Philosophie auf sich beruhen lassen. Ich nahm also *Hoffmanns* Synopsis[31] zur Hand und schrieb sie im Auszug auf ein langes Zettelchen, das ich um den Finger wickeln und auf- und abrollen konnte. Diese Rolle habe ich noch.

Ich las *Goodwins* Bücher[32], schrieb auch sie auszugsweise auf solche Rollen und wollte den Grund der theologischen Wahrheiten auf einmal so klar wissen, wie ich ehemals das Lied »Schwing dich auf zu deinem Gott!« verstanden hatte. Aber da konnte ich nichts finden. Besonders plagte ich mich damit ab, wie ich doch mit Christi Blut besprengt sei. Ich wollte es glauben, wenn mich jemand damit besprengte. Ich wollte wissen, wie Jesus mit Wasser, Blut und Geist gekommen, und wie dies zu verstehen sei; aber das konnte ich auf keine Weise erlangen, weder durch Gebet noch durch Forschen. Nichts tat mir genug.

Durch dieses ängstliche Suchen wurde ich ganz abgezehrt, nahm am Leib ab und bekam eine Geschwulst am Hals, die nicht zu heilen war und die man mir durch Brennen wegätzen sollte. Deswegen mußte ich nach Haus, und da kamen mir die in der Jugend begangenen Sünden, die Flüche gegen meine Lehrer und andere Sünden vor Augen. Da erlebte ich die Bußpsalmen und empfand, was David empfunden hatte.

Die Begegnung mit den Inspirierten

Da ich nun nach meinem Entschluß, der Welt völlig abzusagen, von Bebenhausen aus wieder zu den Inspirierten kam, war einer namens *Keßler,* ein Rektor aus Memmingen, zugegen. Dieser erzählte mir, wie viele Menschen durch die Reden der Inspirierten ergriffen und zu einem andern Entschluß gebracht worden seien. Dies machte mich sehr aufmerksam, daß ich dachte: Diese Leute leiden Bande, Gefängnis und Streiche um ihres Bekenntnisses willen; unsere Pfarrer und Dekane aber leiden niemals etwas. Diese sehen den Aposteln viel ähnlicher als die Pfarrer. Damit war ich aufgefordert, die Sache aufs genauste zu prüfen und nach der Wahrheit Gottes zu erforschen, ob sie Gottes Knechte oder von ihrem eignen Geist betrogen seien. Ich schaffte mir daher ihre Bücher von der Inspiration an [es handelt sich wohl um die »Erfahrungsvollen Zeugnisse« und um *Rocks* Buch »Wohl und Weh«] und las sie alle durch. Ich hielt die Berufung und die Reden aller Propheten dagegen, fand aber, daß die Inspirierten wohl viele Redensarten aus den Propheten angenommen hatten, daß aber kein solcher Stil, keine solche Macht, von den Dingen des Königreiches zu zeugen, darin sei. Und ihre Moral kam mir wohl gut, aber doch allzu volkstümlich vor. In den Propheten dagegen sah ich eine heilige Schaubühne, auf der die höchsten und niedrigsten Dinge zu einer so einheitlichen Handlung verbunden sind, daß ich die Reden der Inspirierten nicht entfernt damit vergleichen konnte.

Ich hatte mir aber gleich bei meiner Erweckung zum Grundsatz gemacht, daß ich meinen allererheblichsten Einwendungen, wie immer sie auch seien, niemals trauen, sondern immer der Sorge leben wolle, ich könnte durch meine Vorliebe für meine Gesinnungen betrogen werden, weshalb ich sie vorher im Gebet Gott vortragen und hernach wieder prüfen wolle. Ich suchte daher in der Heiligen Schrift, was der prophetische Geist für eigentliche Kennzeichen habe und ob es niedrigere und höhere Grade der Prophetie gäbe, vor allem niedrigere, bei denen noch Fehler vorkommen könnten, da Paulus sagt: »Die Weissagung verachtet nicht; prüft aber alles!« Auf der anderen Seite fürchtete ich mich wieder, ich möchte zu günstig urteilen und durch das Lesen der Schriften dieser Leute und den Umgang mit ihnen in Fanatismus geraten. Dies bewog mich, daß ich ein Gegengewicht gegen den Fanatismus suchte, und das sollte auf *Bilfingers* Rat hin die Logik des Crousaz sein. Diese las ich daher gegen die Inspirationsreden und gab auf den Zusammenhang der Gedanken in der Heiligen Schrift acht, ob er nicht folgerichtiger sei als der der Inspirierten. Dies fand ich dann tatsächlich so; aber ich dachte trotzdem: Das gibt dir noch kein Recht, diese Leute als falsche Knechte Gottes zu erklären.

Ich brachte auf diese Weise drei Vierteljahre zu und schrieb die Gründe auf, die für und gegen die Inspiriertensache waren; ich konnte aber nicht dahin kommen, Leute zu verdammen, die von sich sagten, Gott rede mit spöttischen Lippen durch sie zu dem Volk, die Welt brauche nun keine anderen Gesandten. So ging ich endlich auf meine obere Bühne, fiel auf mein Angesicht und sagte: »Mein Jesus, wenn du jetzt auf der Welt mit deinen Jüngern wandeltest, wollte ich dich in drei, vier Tagen geprüft haben; aber diese Leute kann ich nicht prüfen. Du hast gesagt: ›Wenn ich nicht gekommen wäre und hätte es ihnen gesagt, so hätten sie keine Sünde; nun haben sie aber nichts einzuwenden‹.« Ich aber sprach: »Herr, ich kann dies getrost vorwenden: Ich verdamme nicht gern jemand. Du hast mancherlei Knechte. Doch da ich sie nicht verdammen und auch nicht annehmen kann, so bin ich los von ihnen.« Auf diese Art bin ich tatsächlich auch von ihnen losgesprochen worden, sowohl auf Grund vernünftiger Überlegung, als auch nach dem inneren Wahrheitsgefühl. Gott aber hat mir diese Prüfung deswegen auferlegt, damit ich ein Muster hätte, wie ich hernach den Grafen *Zinzendorf* beurteilen sollte, in dessen Gemeinschaft ich im Jahr 1729 gekommen bin.

Die mir von Weißensee einst gegebene unzulängliche Antwort wurde mir unter diesen Übungen so ergänzt, daß es der Vernunft und dem Geiste zureichend war, mich gewiß zu machen. Das geschah folgendermaßen. Es entstand die Frage bei mir, wie ich wüßte, daß ich auch Jesu vollkommener Anhänger sei wie seine Jünger, wenn er jetzt auf der Welt lebte. Da kamen mir folgende bestandhaltenden Gedanken fest ins Herz: Ich habe im vierzehnten Jahr mit großer Begierde in Jesaja, Kapitel 54, gelesen: »O Jerusalem, alle deine Kinder sollen gelehrt sein von dem Herrn«. Nun sah ich schon damals, daß es erstens auf die letzten Zeiten gehe und zweitens auf eine ganze Verfassung und ein Land geredet sei. Darum konnte ich es mir nicht zueignen; denn mein erstes Muster, wie klar die Gedanken sein müssen, wenn etwas gewiß sein soll, stand von Anbeginn an immer vor mir. Darum hatte ich so großes Mißtrauen gegen meine Eigenliebe; darum hielt ich meine ungeprüften Urteile für meine größten Verführer; darum sah ich die Logik als Gabe Gottes an, wenn sie neben andern Hilfsmitteln gebraucht wird. Vernunftmäßig schloß ich daher so: Jesus hat in Johannes 6, 45, was der Prophet auf die letzte Zeit und für ein ganzes Volk gesprochen hat, auf die um ihn herumstehenden Juden gedeutet. Hat es also Jesus auf diese Zeiten gedeutet, die den letzten Zeiten des Jesaja weit vorangegangen sind, so kann ich es, wenn ich richtig schließe, mit Recht auch auf meine Zeit deuten. Mithin geht der Spruch Jesaja 54 gewiß auch mich an, und mithin wäre ich gewiß zu seiner Zeit unter seinen Jüngern gewesen so gut wie Petrus, Jakobus und Johannes. Dessen hatte ich eine umso gewissere und tragfähigere Versicherung, je weniger mir alle vorher gegebenen Antworten Genüge getan hatten.

Nach dieser Zeit kam ich wieder in die Prüfung mit den Inspirierten, die ich schon beschrieben habe. Nachdem ich aber getrost hie und da ausgesagt hatte, daß ich von ihnen los sei, haben sie heimlich eine Gesandtschaft nach Tübingen an mich abgeordnet und mir mit Gottes Gericht gedroht. Was ich ihnen aber geantwortet habe, das hat sie bald abgefertigt.

Im Tübinger Stift

Als ich zwei Jahre in Bebenhausen zugebracht hatte, rückte ich nach Tübingen ins Stipendium[33] vor. Dort hielt ich mich vor allem mehr an Bilfinger als an alle anderen Professoren, weil er mir schon von Blaubeuren her durch die vielen

Lobeserhebungen seiner Frau Mutter bekannt war. Er hatte ebenfalls eine merkurialische[34], doch bereits gefestigte Gemütsart und war von einer wunderbaren Vorstellungskraft, so daß er, wenn er einer Sache scharf nachdachte, manchmal ohnmächtig vom Stuhl fiel. Aber er widerstand seiner Lebhaftigkeit durch die Regeln der Weisheit, durch die Logik und Mathematik und sonstige gelehrte Übungen, die er noch als Repetent im Stift durch Hände, Füße, Augen, Mund und Ohren laufen ließ. Seine Vorlesung war eine erbauliche, gelehrte Predigt über Gott, über die Welt und über die Seele des Menschen, wobei er unaufhörlich die Philosophie des gottseligen *Malebranche*[35] zum Vergleich heranzog. Ich las daher viel des Malebranche »Gespräche über die Metaphysik«, seine »Christlichen Betrachtungen«, die »Abhandlung über die Natur und die Gnade«, seine Briefe und die »Untersuchungen über die Wahrheit«. Obwohl ich der Philosophie abgesagt hatte, mußte ich sie doch des Berufes wegen als Zweiter der Promotion recht innehaben.

Bilfinger hatte eine Zeitlang großen Einfluß auf die Bildung meiner Gedanken; diese Gestaltung mußte hernach wieder zergehen, und Gott gab mir eine ganz andere. Doch was gut war, behielt ich unter allem.

Bilfinger, damals nur außerordentlicher Professor, war in den Augen der übrigen Professoren und besonders des Kanzlers *Pfaff*[36] sehr klein und wegen der Neuerungen, die er eingeführt hatte, etwas verhaßt. Ich wußte, daß ich als sein eifrigster Anhänger auch daran Anteil haben werde. Weil ich aber glaubte, er lehre deutlicher als alle anderen, so schlug ich solche Gesichtspunkte nicht hoch an, sondern hielt mich trotzdem am allermeisten an ihn. Ich war sein getreuer *Achates**, und er nannte mich seinen einzig geliebten Freund.

Bilfinger hielt Vorlesungen über Logik, Metaphysik, Mathematik, Algebra und andere wissenschaftliche Fächer. Ich

* Achates, der Freund des Aeneas, wird in dem Epos des Vergil, der Aeneis erwähnt.

lernte bei ihm seine hernach von Pfarrer *Vellnagel* herausgegebene Logik und hörte auch seine Vorlesung über die metaphysischen Begriffe von *Rudrauff.* Diese erklärte er so deutlich, daß sie durch ihn ihren wahren Sinn bekamen. Besonders aber hielt er eine Vorlesung über die Grundlagen der monadologischen Philosophie von Leibniz[37], in die auch mein Kursusgenosse *Krafft,* später Professor der Mathematik[38], Herr *Beyschlag,* jetzt Oberpfarrer in Halle, ferner Herr Repetent *Griesinger,* jetzt Dekan in Calw, und Herr Repetent *Fischer,* jetzt Oberhofprediger in Stuttgart, gingen. Da wurde ich in die *Leibniz'*sche Monadenlehre ganz eingetaucht. Ich bezog ganz zuversichtlich auf sie den Spruch Hebräer 11, 3, daß aus nichtsichtbaren Dingen die sichtbaren geworden seien. Ich glaubte, daß die Materie nur eine geordnete Erscheinung der angehäuften ersten Einheiten sei, von denen viele Millionen in jedem Gegenstand, den ich betaste, beieinander seien. Ich glaubte, daß ein einfaches Ding keine bewegende Kraft in sich haben könne, auch die Seele nicht; den Gedanken einer Einwirkung der Seele auf den Leib hielt ich für irreführend. Weil nun die Seele nicht auf den Leib und der Leib nicht auf die Seele einwirken könne, so müsse Gott Leib und Seele hinsichtlich ihrer Bewegungen und Gedanken wie zwei Uhren vorher nebeneinander zusammengestimmt haben. Aber Gott hat mich hernach durch viele Schmerzen so lange in meinem Innersten mit seinem Wort gepeinigt, bis ich diese Grundbildung meiner Gedanken habe fahren und anders gestalten lassen, nämlich nach den Grundgedanken der Propheten und Apostel, wie sich dies aus dem Folgenden erhellen wird.

Ich hatte meinen Bruder *Wilhelm Ludwig* bei mir, einen recht lebhaften und ebenmäßig gewachsenen Knaben, der auch eine solche merkurialische Gemütsart hatte wie ich. Dieser hatte auf mein strenges Verlangen hin das Buch des *Cicero* »Von den Pflichten«[39] mit allen besonders hervorgehobenen Redewendungen ganz auswendig gelernt. Ich hatte vor, aus ihm einen Professor zu bilden und seinen Merkurius durch die Mathematik in feste Bahnen zu bringen. Ich ging deshalb mit ihm in eine Privatvorlesung von Bilfinger über Algebra, angewandte Mathematik, Mechanik, Optik, Architektur usw. Er schrieb hernach ohne meine Hilfe Bilfingers metaphysische Vorlesung über die »Erläuterungen« nach und war in die Logik und die Metaphysik sehr gut eingeführt. In seinem vierzehnten Lebensjahr verteidigte er im Kollegio illustri* mit viel Beifall eine wissenschaftliche Arbeit über den Spiegel des Archimedes, wobei Herr *Reuß*[40], damals noch Magister, sein Gesprächsgegner war. Mein Bruder kostete mich sehr viel Mühe und Vorbereitung, da ich alles mit ihm wiederholen mußte. Nachmals wurde er durch seine Heirat mit Fräulein Pfeil Professor *Maucharts* Schwiegersohn. Er starb aber noch jung als Doktor der Medizin in Tuttlingen, nachdem er schon zum Professor der Anatomie bestimmt war und den fürstlichen Befehl hierüber bereits in Händen hatte.

Herr *Beyschlag* von Schwäbisch Hall war mein liebster Freund. Mit ihm unterhielt ich mich oft und viel über *Bilfingers* und *Malebranches* Philosophie. Wir beteten oft und viel darüber und studierten so diese Philosophie mit größter Andacht und Ehrerbietung vor Gott.

Um dieselbe Zeit lasen wir verschiedene Büchlein des Rechtsrats *Fende*[41], die er als Assistent des berühmten Rechtsgelehrten *Schütz*[42] herausgegeben hatte. In ihnen warb er für dessen Lehren und überzog er dessen Arianismus[43] aus der Cabbala denudata[44] mit Ausdrücken des Neuen Testaments. Dies bereitete uns viel Seelennot und führte uns dahin, daß wir alle Schriftstellen von der Gottheit oder von der Gestalt Gottes in Christus besonders durcharbeiteten.

Aus Malebranche machte ich mir, da ich durch diesen Arianismus beunruhigt war, ein eigenes System von Christus,

* Eine von Herzog Ludwig in Tübingen gegründete Erziehungsanstalt für künftige weltliche Beamte, von Herzog Friedrich I. 1596 in eine Fürsten- und Adelsschule umgewandelt.

und damit ich kein Arianer würde, nahm ich aus Malebranche an, daß in dem ewigen Wort ein vorweltliches Schema der Menschheit gelegen habe, in dem alle Menschen wie im Mutterleib umschlossen gelegen hätten. Durch die menschliche Zeugung seien sie nach und nach ausgeboren worden. Ihre Formung sei vorher schon dagewesen und durch Zeugung und Geburt in sie gekommen. Ich trug mich lange mit diesen Gedanken, bis ich hernach durch eine besondere Schickung Gottes davon los geworden bin.

Reuß war damals der allergelehrteste Magister auf der Universität. Er studierte neben *Bengels*[45] »Gnomon«* unter Bilfinger Algebra. Er verwandte besonders viel Zeit auf die dynamisch-algebraische Vorlesung über die Gesetze der Bewegung und sagte oft, wenn er diese Vorlesung nicht gehört hätte, so würde er die Algebra ohne ihre Anwendung nur symbolisch oder mechanisch, also ohne eigentliches Verständnis gelernt haben.

Mein Bruder Wilhelm Ludwig ging auch in diese Vorlesung, ebenso *Krafft, Griesinger* und *Maier* von Kirchheim, der zuvor Küfer gewesen und hernach Magister und der beste Algebraiker geworden ist, so daß sich selbst Bilfinger für nichts gegen ihn geachtet hat. Hernach als Professor in Petersburg hat dieser die Algebra aber als wenig nutzbringend für die wahre Physik erklärt.

Mit Reuß hatte ich schon als Kandidat Gemeinschaft, und hernach als Magister hatte ich mit ihm eine gemeinschaftliche Wohnung. Er unterrichtete seinen Bruder, den späteren Leibarzt, der damals vierzehn Jahr alt war, in der höheren Geometrie oder Bewegungslehre. Er war mit Leib und Seele ganz der Mathematik ergeben und träumte nur von Lehrsätzen und zu lösenden Aufgaben. Bilfinger hätte sich, wie ich oft gehört habe, nur einige solcher Schüler gewünscht; denn er kannte keinen von solcher Tiefe des Den-

* Fingerzeig oder Zeiger des Neuen Testaments, eine Auslegung desselben mit laufenden Anmerkungen.

kens, keinen von solcher Geduld in der Entwicklung der Grundgedanken und keinen von solcher Redlichkeit, alles zu verfolgen, was zur ganzen Sache gehört.

Reuß hatte eine mir entgegengesetzte heitere Gemütsart, was seine schönen blauen Augen erkennen ließen. Ich dagegen war so stark von theologischen Überlegungen eingenommen, daß ich der Mathematik damals nicht so viel Aufmerksamkeit widmen konnte. Bilfinger wunderte sich öfters über mich und sagte, ich müsse schwermütig sein, sonst würde ich mehr Stärke in der Mathematik erlangen. Er wußte freilich nicht, daß mich Gott im Innersten so sehr auf den einzigen und höchsten Gegenstand, auf Gottes Herrlichkeit gelenkt hatte, daß ich nicht davon loskommen konnte. Er kannte auch nicht meine Zubereitung von Kindheit an; darum sah er mich für schwermütig an, wie auch Professor Canz schon in Bebenhausen mich dafür angesehen hatte und niemals aus mir hatte klug werden können, weshalb auch er mich des Trübsinns beschuldigt hatte.

Steinhofer kam[46] ebenfalls in unseren philosophischen Kreis. Ich ging schwanger mit dem *Malebranche*'schen System von dem vorweltlichen Schema in der Gottheit. Steinhofer widersprach mir als Schüler von Canz, der mit seiner scharfen Metaphysik nicht an dieses vorweltliche Schema heranreichen konnte.

Ich hatte keine Ruhe und las deswegen Tag und Nacht im Neuen Testament; ich konnte aber nichts finden als die sieben Geister Gottes, die als etwas Besonderes vor Gottes Thron und als brennende Fackeln dargestellt werden, und die »Gestalt Gottes« in Philipper 2, 6. Dies bewirkte, daß ich dachte, wenn kein solches ursprüngliches Muster (Sprüche 8) vorausbestanden hätte, so wäre die Welt nicht wert, geschaffen worden zu sein.

Durch Gottes Schickung geschah es, daß ich, um mich zu erholen, oft an der Pulvermühle in Tübingen vorbeiging. Da traf ich als den größten Phantasten den Pulvermüller*. Er hatte sich eine tiefe Grube in die Erde gegraben, um da sicher zu sein, wenn Babel nach seiner Berechnung zusammenstürzen werde. Er trug mir seine Träume vor. Ich verlachte ihn mit aller Bescheidenheit. Er sprach: »Ihr Kandidaten seid gezwungene Leute, ihr dürft nicht nach der Freiheit in Christus studieren. Ihr müßt studieren, wozu man euch zwingt.« Ich dachte: Es ist wahr; aber wir haben doch Freiheit. Er sprach: »Es ist euch doch verboten, in dem allervortrefflichsten Buch nach der Bibel zu lesen!« Ich sprach: »Wieso?« Er bat mich in seine Stube, zeigte mir *Jakob Böhme*[47] und sagte: »Da ist die rechte Theologie!« Ich las das erste Mal in diesem Buch und fürchtete mich vor den bildhaft anschaulichen Worten Sal, Sulphur und Merkurius[48], mit denen Jakob Böhme vergleichsweise die Kräfte der sieben Geister Gottes und des dreifachen Lebens bezeichnete. Ich machte mich darüber lustig und ging davon. Ich fand aber trotzdem in den überaus bildhaften und anschaulichen Ausdrücken etwas Vernünftiges und dachte, man müsse mit Hilfe von Malebranche und Leibniz die Begriffe dieses Laien verbessern. Ich bat dann, daß er mir das Buch leihen möchte, und las nun unter Beiseitesetzung alles Vorurteils. Da fand ich die Widerlegung meines eingebildeten vorweltlichen Systems. Ich erschrak und sprach: Du hast Jakob Böhme für einen Schwärmer gehalten; aber nun siehst du, daß du dir ein überspanntes System aus Malebranche gemacht hast.

Böhme widerlegt die schwenkfeldischen Sektierer[49] *Stiefel* und *Meth*. Ihr System entsprach dem, was ich Malebranche entnommen hatte, nämlich daß in dem vorweltlichen Plan alles vom Größten bis zum Kleinsten vorgebildet gelegen

* Johann Kaspar Obenberger

habe. Böhme sagt, dann müßten auch alle Würmer in ihm gelegen sein; dies wäre sinnlos. Endlich sah ich, daß Jakob Böhmes dunkle Worte nach den deutlichen beurteilt werden müssen. Er hat aber so deutlich und rein von dem ewigen Wort geredet, daß mein Malebranchisches System von dem Vorherbestehen aller in unendlicher Kleinheit vorgebildeten Menschen vor der reinen Lehre von der Göttlichkeit des Wortes zerrann. Dadurch fielen mir der Arianismus und die Lehre des Malebranche über den Haufen.

Das ewige Wort ist nach Jakob Böhme kein solches Wesen, in dem alles, was wird und geworden ist, wie in einem Mutterschoß ruht und gleichsam wie in speculis monadicis [monadischen Abspiegelungen] still steht, wie auch ich es mir ausgedacht hatte und wie alle Arianer es sich denken müssen. Das ewige Wort ist vielmehr ein actus purissimus [die allerreinste Bewegung] der Gottheit, sofern sie sich in sich selbst darstellt oder sofern sie in einer ewigen Offenbarung ihrer selbst immer im Wirken gegen sich selbst ist.* Dies heißt unserer Lehre von Gott als der allerreinsten Bewegung (das ist, daß er sei das ewige Eine, darin das Wirkende, die Wirkung und das Gewirkte ist) gemäß reden, und die, welche um etlicher Worte willen wie ich anfangs über dergleichen himmlische Dinge hochmütig und kurzsichtig herfahren, haben lange die Geduld nicht, die mich Gott schon bei der Prüfung der Inspirierten, geschweige denn hernach gelehrt hat. Sie beharren auf ihrem Eigensinn und prüfen nicht nach den Regeln der Weisheit in den Sprüchen Salomos; sie nehmen nicht alles zusammen und richten das rechte Gericht nicht nach dem Buch Hiob. Daher bauen sie Holz, Heu und Stoppeln auf Christus.

Elias Cammerer, der dienstälteste Professor der Medizin, hatte die Schwester meiner Mutter zur Frau. Er war einer

* Siehe Oetinger: Sämtliche Schriften, II. Abt., Band I, Seite 17: »In Gott ist kein Wechsel, aber ein ewiger actus, der zur Ruhe geht, eine ewige Bewegung in der Ruhe.«

der gelehrtesten, tiefsinnigsten und erfahrensten Männer, die je in Tübingen gewesen sind. Er hatte auch die theologische Zentralerkenntnis[50], wie sie *Moser*[51] in seinen »Beiträgen zum Bau des Reiches Gottes« beschrieben hat, in sich erfahren. Er wußte daher in jeder Sache aufs beste zu urteilen sowohl durch die von außen nach innen erworbene als auch durch die von innen heraus geborene geistliche Erkenntnis. Selten steht in einem Jahrhundert ein Mann auf, der alles so konzentriert beisammen hat; einseitige Schauer gibt es immer noch eher, aber wie Cammerer das Ganze erfassende nicht. Dieser Mann lag der mystischen Theologie mehr als allem andern Studieren ob und besorgte sich die seltensten Bücher der *Therese von Bordeaux*[52], der *Margarete Alacoque,* des *Abbé Brion,* des *Père Maure* u. a. Mit diesem sprach ich mich über alles aus und hörte, was er sagte. Die vielen Unterredungen, die ich mit ihm gehabt habe, sind nicht zu beschreiben. Die Wolff'sche Philosophie wußte er mit Ausnahme der Monaden wohl mit der mystischen zu vereinigen, besonders in dem Stück, daß Gott nach der jetzigen Ökonomie alles nach der Ordnung der Natur und Gnade tue und seine Gesetze nicht überschreite, weshalb er *Leibnizens* causas finales et efficientes [letzte und bewirkende Ursachen] wohl gelten ließ, obwohl er die Lehre von der prästabilierten Harmonie[53] und andere hochgetriebene Spitzfindigkeiten verlachte.

Reuß war des großen Bengel liebster unter seinen ehemaligen Schülern; daher war er sein Berichterstatter über akademische Angelegenheiten. Bengel schrieb ihm immer auch einiges von seinen apokalyptischen Entdeckungen oder Gnadengeschenken, was ich dann auch zu lesen bekam, und zwar von der ersten Zeit an, als er schrieb: »Ich habe mit des Herrn Hilfe die Zahl des Tieres gefunden.« Dies alles erörterte ich mit Elias Cammerer. Er war als Arzt der Textkritik nicht sonderlich zugetan; denn er meinte, man beschränke sich zu viel auf Einzelheiten und verliere das Gefühl für das Ganze. Ich ließ mich aber durch Cammerer gar nicht von der Hochachtung vor Bengel abbringen, weil ich wußte, daß unsere Gedanken über den Sinn der Schrift aufs genauste und nicht nur nach dem religiösen Gefühl eines Mediziners gestaltet und entwickelt werden müssen. Wenn ich Bengel auf Cammerers Wunsch hin dessen Herzensgesinnung offen dargetan hatte, war er oft tief betrübt und sagte, es schmerze ihn lange nicht so sehr, wenn ihn Weltleute herabsetzten; wenn ihn aber geisterfüllte Männer verdächtig machten, dann seien das gewaltige Stiche in sein Herz. Ich aber sagte zu Herrn Bengel: »Diese widersprechenden Urteile kommen über uns zur Übung in der Geduld.«

Philosophische Studien

Unter diesem Verlauf meiner Studien wurde ich endlich im Jahr 1725 Magister, nachdem ich vorher unter *Hagmajer*[54], dem es peinlichst genau nehmenden Professor der Metaphysik, den Satz vom zureichenden Grund* verteidigt hatte, wobei er *Wolffs* Beweisführung für diesen Grundsatz als mangelhaft erklärte. Als ich Magister geworden war, besuchte ich die Vorlesung des Professors der Theologie *Hoffmann* über die Synopsis. Sein Buch hierüber hatte ich schon in Bebenhausen in Fleisch und Blut aufgenommen, wie es eine noch erhaltene Papierrolle, die man um einen Finger wickeln konnte, an den Tag legt. Hagmajer wurde hernach auch Professor der Theologie. Von diesem habe ich manch Schönes in der Erklärung der apostolischen Briefe gehört. *Weißmann,* der vortreffliche Kirchengeschichtler, kam nach Hoffmanns Weggang nach Tübingen. Seiner habe ich mich ebenfalls zu meinem Vorteil bedient.

Neben all diesen Studien betrieb ich noch ein ganzes Jahr die Mathematik, damit ich die logische Beweisführung in

* Der »Satz vom zureichenden Grund« fordert für jedes Urteil einen Grund, aus dem es rechtmäßigerweise gefolgert werden kann.

besseren Griff bekäme. Reuß hielt mathematische Vorlesungen, deren ich mich recht gern bediente. Er kam aber wenig später von der Universität weg als Hofmeister zu dem General *von Grävenitz* in Stuttgart. Da wurde ich an seiner Statt der Berichterstatter des Herrn Bengel und reiste je und je, mindestens alle Halbjahr, oft alle Vierteljahr, ja noch öfter zu ihm, so daß er mir einmal zu verstehen gab, ich komme gar zu oft zu ihm. Ich sah der Entstehung des apokalyptischen [endgeschichtlichen] Systems nach allen Teilen zu und erquickte mich an der Art und Weise, die Gott gebraucht hat, in diesem Werkzeug der Weisheit nach und nach die zunehmende Erkenntnis zu läutern, zu klären und zu befestigen.

Gleichwohl wollte mir für meine Person alles, was ich gelernt hatte, nicht zureichen. Die *Wolff*'sche Philosophie war so tief in mir gewurzelt, daß ich in die größte Bekümmernis kam, ich möchte einen falschen Zusammenhang in die Heilige Schrift hineintragen, weil es der Teufel nun nicht mehr wie zur Zeit der ersten Jahrhunderte mit offenbaren Verfälschungen angreife, sondern mit Wahrheiten, die er in einem unrichtigen Zusammenhang in die Seele bilde. Darum dachte ich, wenn ich die Wolff'schen Grundbegriffe ohne Heiligung des Geistes in mir trüge oder ohne ihrer aus der Heiligen Schrift recht gewiß zu sein, so würde ich unfehlbar einen falschen Zusammenhang in die Heilige Schrift hineintragen und mich und andere dadurch verführen.

Mit M. *Reuß* brachte ich Jahr und Tag zu, um die Wolff'sche Philosophie gründlich mit ihm durchzudenken. In der Theologie wußte er sich selbst noch nicht zu helfen. Ich sah, daß Reuß nach dem Maß der Gewißheit der mathematischen Erkenntnis auch die Theologie durcharbeiten wollte, was mir gleich von Anfang an als unzweckmäßig und undurchführbar vorkam. Nun hält er dies auch für unmöglich. Ich merkte auch, daß Reuß die Wolff'schen Definitionen [Begriffsbestimmungen] zugrunde legen wollte. Es entschlüpfte ihm einmal dies Wort, wenn er doch nur in der Theologie ebenso viel wüßte, wie die erste Definition in der Geometrie und auch die folgenden an Gewißheit in sich haben. Allein Gott hat ihn ebenso wie mich später zu ganz anderen Überzeugungen gebracht und ihm gezeigt, daß diese Grundsätze nicht sicher seien, um darauf zu bauen. Ich brachte ihn dazu, Jakob Böhme zu lesen. Er schrieb die Stellen heraus und sagte endlich, daß kein anderes System möglich sei; aber nun sagt er als Kanzler anders.

Diese Geschichte mit M. Reuß wurde mir nachmals Veranlassung, mich noch mehr zu hüten und gegen alle philosophischen Ideen das Gegengewicht in der Heiligen Schrift zu suchen, weil Paulus alle die Lehrer tadelt, welche nicht wissen, was sie nach den letzten Begriffen sagen oder wovon sie in ihrer Beweisführung oder den Schlußfolgerungen aus ihren Begriffen gewiß sind. Ich sah dabei wohl, daß die Beweisung des Geistes und der Kraft der wahren logischen Beweisführung nicht entgegenzusetzen sei, sondern daß Apollos mit Gründen Beweise führte und daß Paulus seine Kolosser zu allem Reichtum der vollen Erkenntnis zusammengefaßt haben wollte, nicht auf einem Weg, der nicht allgemein nachprüfbar ist, sondern durch gesalbte Schlüsse des Geistes. Ich zweifelte also nicht, so weit auch die Philosophen ihre Begriffe verfeinern und zuspitzen, daß die heiligen Männer Gottes ebensolche letzte Begriffe gehabt haben müssen, nur nicht in genau der gleichen ausgewickelten Form, aber der Wirklichkeit nach hundertmal besser. Folglich war es mein tägliches und nächtliches Bemühen, ebensolche letzte Begriffe zu finden, die die Wolff'schen entweder bestätigen oder umstoßen würden. Das war eine schwere Arbeit für mich; allein ich sah, daß sie getan werden müsse, sonst würde ich bei dem gegenwärtigen Geschlecht dem Willen Gottes nicht auf vollkommene Weise dienen können.

In der Wolff'schen Philosophie fand ich, daß das Zusammengesetzte wie die Zahlen aus Einheiten bestehe. Allein ich dachte, das sei ein arithmetischer Betrug; als ob es solche abstrakte Einheiten in der Natur gäbe wie die Einheiten in den Zahlen! Das war mir also sehr verdächtig. Was aber die Apostel und Propheten anstelle dieser Einheiten zum Grund hatten, das konnte ich nicht finden.

In der Wolff'schen Philosophie fand ich ferner, daß keine Monas oder Einheit für sich allein eine bewegende Kraft haben könne und folglich auch die Seele nicht auf den Leib zu wirken imstande sei. Ich sah, daß auch Malebranche sein ganzes System auf diesen Satz aufgebaut hatte und dadurch zu dem ganzen System von den Gelegenheitsursachen verleitet worden sei, so daß er sich schon vor Leibniz folgende drei Gegebenheiten als möglich vorgestellt habe: Entweder muß diese Einwirkung durch einen Einfluß der Seele auf den Leib oder durch eine Bewegung Gottes bei Gelegenheit der berührten Kräfte in der Seele oder durch Vorherbestimmung der Bewegungen des Leibes und der Seele geschehen. Weil ich nun sah, daß die Apostel über diese Vorstellung zu entscheiden nicht für nötig hielten, so fragte ich vor allem, ob sie solche bewegenden Kräfte wie Leibniz angenommen haben.

Ich ging einmal zu Professor Canz und beschwor ihn, ob er sich wirklich getraue, darüber gewiß zu sein, daß Jesus Christus und die Apostel dieselben letzten Begriffe gehabt haben wie er, und ob er sie nach dem Tode ebenso finden werde, wie er in seinen Vorlesungen unentwegt behaupte. Er sagte: »Ja!« Ich aber sagte nein, er werde sie nicht so finden; es liege aber viel daran, ja mehr, als man denke. Es sei wohl der Mühe wert, allen Fleiß daran zu wenden, damit man in dieser einzigen Sache ganz gewiß werde. Kurzum ich verwarf die Anwendung der Leibniz'schen Philosophie auf die Theologie, wie Canz es lehrte. Auch Weißmann stritt mit aller Macht dagegen. Die Lehre, daß die Welt ewig und daß es die beste aller Welten sei, darf man nicht in Betracht ziehen. Es handelt sich bei ihr um künstliche, aber nicht um wahre Schlüsse.

Was nun die bewegenden Kräfte betrifft, so muß der, welcher wissen will, ob die Apostel die gleichen Grundbegriffe wie die Philosophen gehabt haben, sich über das, was er sagt, auch klar sein: Er muß von den bewegenden Kräften deutliche Begriffe haben, und die deutlichen Begriffe müssen wiederum in ihre klaren Kennzeichen aufgelöst werden können. Eine bewegende Kraft rührt von zusammenwirkenden anderen Kräften her; eine bewegende Kraft ist etwas Zusammengesetztes. Man kann aber unmöglich die einzelnen Kräfte, aus denen die zusammengesetzten bestehen, mit Hilfe der Philosophie einzeln erfassen, so wenig als man die letzten einfachen Bewegungen, aus denen die zusammengesetzten Bewegungen entstehen, begreifen kann. Man kann zwar einen Vergleich aus der Geometrie heranziehen: Man denke sich ein Quadrat oder ein Parallelogramm und ziehe die Eckenlinien. Auf diese Diagonallinien setze man wieder ein Parallelogramm und ziehe wieder eine Diagonallinie und treibe das, so weit man kann. So entsteht ein Bild von ungezählten zusammengesetzten Linien, weil jede Diagonallinie als aus den Seitenlinien zusammengesetzt angesehen wird. Aus diesen ergeben sich schließlich krumme oder bogenförmige Linien als Seiten eines krummlinigen Parallelogramms. Was kann dies aber viel nützen? Es sei Licht oder Finsternis, so ist es doch vergeblich, die darin liegenden richtigen oder irrigen Bewegungen zu bestimmen. Es ist gewiß, daß die Offenbarung Gottes durch das ewige Wort nicht ohne zusammengesetzte Bewegungen der sieben Geister Gottes gedacht werden kann; auch kann keine Kreisbewegung gedacht werden ohne die dem Mittelpunkt zustrebende und die ihr entgegenwirkende, vom Mittelpunkt wegstrebende Kraft. Diese beiden in ihrer Gegenwirkung ergeben erst eine Kreisbewegung, wie an einer in Schwung versetzten Schleuder sonnenklar zu sehen ist. Endlich gibt es keine bewegenden Kräfte, die durch Gegeneinanderwirken nicht miteinander zusammenspielten. Alles Obere und Untere ist in einer Wirkung und Gegenwirkung. Ein einfaches Wesen aber – an und für sich eine Denkunmöglichkeit – kann keine vielfache Richtung haben, sondern nur eine einfache; folglich kann es keine Wirkung und Gegenwirkung haben. Was hilft es also, in sich offenbarenden Dingen so weit hinaus Untersuchungen anzustellen. Das hat seinen Nutzen nur für die Algebra, aber sonst nirgends. Die Apostel lassen für dies alles Gott sorgen, und die Philosophen sollten sich demnach auch untereinander verständigen, wo die nutzbringende Erkenntnis ihre Grenzen habe. Dabei sollten sie alle die Hypothesen von einem einfachen Ding und von der Unmöglichkeit einer bewegenden Kraft darin ausscheiden und wie die Apostel ganz davon Abstand nehmen. Es ist *alles* zusammengesetzt; auch die Offenbarung Gottes ist nicht ohne zusammengesetzte Bewegungen des ewigen Worts. Es ist genug, daß die Weisheit spricht: »Da er die Himmel in ihre Ordnung brachte (mit vielen Bewegungen, die wir nicht begreifen und die Gott allein weiß), da war ich dabei, und als er die Kreisbewegung auf der Oberfläche des Abgrunds eingrub, da war ich auch schon da und wirkte mit ihm zusammen als das Urbild, in dem ich Gott alles wie in einem Spiel vorbildete und es nun auch schaffe, bilde und mache« (Sprüche 8, 27).

Ebenso handelt das ganze erste Kapitel des Hesekiel von lauter zusammengesetzten Kreisbewegungen. Aber was nützt es, wenn man sie auf die einfacheren Bewegungen zurückführt? Besser ist es, vom Heiland die Grundbegriffe des Lichtes und der Finsternis anzunehmen, die er in voller Übereinstimmung mit den Propheten und Aposteln gebraucht, und die Grenzen, die die Heilige Schrift unsrem Erkennen setzt, zu achten. »Wenn das Licht in dir Finsternis ist, wie groß wird dann die Finsternis sein!« Was braucht es weiter? Gott sagt uns im Hiob genug von der ursprünglichen Finsternis. David sagt: »Finsternis ist nicht finster bei Gott.« Diese Grundbegriffe sind das Gegengewicht zu denen von Leibniz und Malebranche. »Gott, der das Licht aus der Finsternis gerufen, hat einen hellen Schein in unser Herz gegeben«: Das ist für uns genug. Damit haben die Apostel sich selbst verstanden, während Leibniz mit seinen Monaden selber nicht wußte, was er sagte, so geschickt er es auch mit dem Satz vom zureichenden Grund ausgeklügelt hat. Solche Vorstellungen wiegen weniger als nichts. Satan treibt damit sein Gaukelspiel, die Gelehrten durch Eitelkeit von der Schrift abzuführen, daß sie meinen, feinere Begriffe als die Schrift zu haben. Das ist des Teufels Taschenspielerei. Mit solchen leichtwiegenden Dingen beschwert er die Welt wie mit lauter Zentnergewichten und verrückt den Verstand der richtig denkenden Vernunft (Sprüche 8, 8. 9). Ich weiß von mir selbst, wie mich diese Dinge geäfft und umgetrieben haben, da sie doch nichts als ein zur Schau gestelltes Puppenspiel der Wortfechter dieses Zeitlaufes sind. *Muschenbroek* hat der Wolff'schen Naturlehre überall *Newtons*[55] wissenschaftliche Versuche entgegengesetzt. Weil er aber ohne die Wolff'sche Schwätzerei auf dem Katheder nicht vorankommen konnte, nahm er endlich der Mode entsprechend auch die Monadenlehre an. Das ist auch eitel!

Das schreibe ich, damit jedermann sehen kann, wie lange man umhergetrieben wird, bis man in gegenwärtiger Zeit auf die Grundbegriffe der Apostel kommt, die doch an sich so leicht verständlich sind. Meine »Untersuchung über das allgemeine Wahrheitsgefühl«* sagt darüber genug; es ist deshalb nicht nötig, noch weiter davon zu schreiben.

Im übrigen hat die Weisheit ihr Werk auch unter all diesen Bemühungen der Gelehrten, wenn schon viel Eitelkeit dabei ist; aber die Torheit wirkt dabei ungleich mehr. Am Ende müssen dadurch doch alle Wunder Gottes hervorkommen. »Es ist nichts Verborgenes, das nicht offenbar werde« (Lukas 12); es ist aber nötig, wie für jedes Jahrhundert, so auch besonders für diese Zeit, da der Drache wie das Lamm reden wird, die Triebfedern des Geistes der Finsternis zu

* 1753 erschienen

erkennen. Daher habe ich die Mathematik, die Philosophie und alles gründlich studiert, was zu den Erkenntnissen der gegenwärtigen Zeit gehört. »Wir haben nicht empfangen den Geist der Welt, sondern den Geist aus Gott, daß wir wissen, was uns von Gott aus Gnaden geschenkt ist«.

Patristische und rabbinische Studien

In den folgenden Jahren habe ich es, um die Theologie gründlich zu erforschen, auf diese Weise angefangen: Ich habe um der Grundbegriffe der Apostel willen die Kirchenväter Jahr und Tag gelesen, zuerst den »Hirten« des *Hermas*[56]. Aus ihm habe ich verstehen gelernt, weshalb *Irenäus* so große Stücke von diesem Buch gehalten hat. Er pflegte, wenn er dieses Buch anführte, zu bemerken: »Die Schrift sagt!« In dem Hermas, der ohne Zweifel der ist, der in Römer 16, 14 genannt wird, habe ich mit Verwunderung gesehen, wie er die hohen Geheimnisse der Erlösung so sparsam vorgetragen hat und einen Stil anwendet, der den »klugen Fabeln« gleicht, durch die er die Herrlichkeit Gottes bald verdeckt, bald offen vorträgt, ganz anders als es heutzutage üblich ist. Er macht auch nach der Art der Sprüche Salomos meistens moralische Wahrheiten sehr eindrücklich und liebenswert. Aus diesem Buch habe ich mir viele Anmerkungen gemacht, namentlich daß die Grundgedanken der ersten Kirche in der Art des Wahrheitsvortrags ganz andere waren als jetzt. Ich habe ferner die Briefe des *Ignatius* und des *Polykarpus* mit Verwunderung gelesen. Sie weichen schon ein wenig vom Stil der Apostel ab, doch sind es noch dieselben Grundgedanken. Ich habe die »Rekognitionen« des *Klemens*, das ist die Beschreibung des Lebens des Petrus samt allen seinen Reden und Gesprächen mit Erstaunen gelesen und lese sie noch. Wie stellt man sich den Petrus doch so unlogisch und unvernünftig vor, wenn man dies Buch nicht liest! Es kommen da zwar seltsame Dinge vor; doch haben die Kirchenväter alle daraus geschöpft. Den platonischen Philosophen *Justinus Martyr* habe ich nach allen Seiten durchforscht, um festzustellen, wie viel er von seinen philosophischen Grundgedanken beibehalten und wie viel er davon abgelegt hat. Ich habe wegen der Johannisbriefe den *Irenäus* aufs genauste gelesen, um die Lehre der *Kerinthianer* zu verstehen und zu wissen, warum sie dem Geist, Wasser und Blut Jesu so widersprochen haben. Sie haben nämlich wie die Wolffianer die Materie und damit auch den Leib Christi für eine bloße Erscheinung und nicht für reelles [wirkliches] Fleisch gehalten. Da habe ich gesehen, wie durch die Philosophie die Grundbegriffe verderbt werden, und was Menschen sind, »die zerrüttete Sinne« haben (1. Timotheus 6, 5). Hernach habe ich den *Klemens von Alexandrien*, den Lehrer des *Origenes*, und den Origenes selbst mit höchster Aufmerksamkeit durchforscht. Wie weit reichte doch die Gelehrsamkeit der Väter gegen die der späteren Theologen! Dann las ich den *Athenagoras*, der vor dem Kaiser Antonius, dem Philosophen, eine so herrliche Rede gehalten hat, und den *Theophilus von Antiochien*. Welche Freimütigkeit bewies er einem Kaiser gegenüber! Den *Eusebius* und den *Sozomenus* hat jeder Student der Theologie zu lesen höchst nötig, weil er sonst die ersten Urkunden der Kirchengeschichte nicht kennt. Darum habe ich allen Fleiß daran gewandt. Das System des Eusebius gefiel mir besonders gut. Den *Makarius* habe ich um der mystischen Theologie der Väter willen immer vor Augen und lese noch je und je darin. Die andern Väter wie *Cyprian*, *Tertullian* und *Basilius* habe ich auch durchforscht; aber weil ich darin schon zu viel Polemik vorgefunden, habe ich mir nicht so viel Mühe mit ihnen gegeben. Dagegen habe ich den *Augustinus* und den *Hieronymus* viel durchforscht, weil sie – dieser ursprünglich ein Kritiker und jener ein Redner – in Gegensatz zueinander standen und ohne Not immer einander bekämpft haben. Augustinus war ein großer Theologe und Hieronymus ein großer Schrifterklärer. Das Buch des Augustinus »Vom Geist und Buchstaben« habe ich in allen Teilen mit besonderem Ernst beherzigt. Dabei habe ich gesehen, daß er für seine Zeit diesen Gegenstand erschöpfend behandelt hat und daß man heutzutage, um die Sache klar zu machen, nichts nötig hat als seine Lehre mit Bezug auf die gegenwärtigen Streitfragen vorzutragen. Augustinus hat sehr schöne Grundbegriffe. Er hat gewußt, was er sagt. Wenige Theologen arbeiten ihre Grundsätze so bis ins Letzte aus, wie er es tut. *Plato* leuchtet bei Augustinus sehr hell heraus, doch hat er, was bei Plato heidnisch und übertrieben ist, nicht angenommen. Malebranche hat aus Augustinus ganze Abschnitte ausgeschrieben, um seine Philosophie zu verdeutlichen und um zu zeigen, wie die Weisheit auf der Gasse die Menschen anredet. Augustinus ist deswegen ein so vollendeter Theologe, weil er erstens Buchstaben und Geist, zweitens die Weisheit auf der Gasse oder die Philosophie und drittens die göttlichen Schickungen in gleichem Grad an sich hat wirken und sich dadurch die rechte Gestalt hat geben lassen. In dieser Absicht las ich in Augustinus mit viel Erbauung.

Alle diese Väter habe ich nach ihren grundlegenden Gedanken auf besondere Blätter ausgeschrieben und sie mit der Absicht durchgelesen, die Grundquellen ihrer Schreibart sowohl mit der heutigen Redeweise als auch mit der aller Propheten, aller Apostel und der Jesu Christi zu vergleichen; ohne dies nützt das Lesen der Kirchenväter fast gar nichts. Wer sich rühmt, daß er die Väter gelesen habe, aber ihre Grundideen im Vergleich mit der Schrift nicht in seinem Gedächtnis hat, der ist in den Vätern nicht zu Hause. Man kann sicherlich wohl in den Vätern wie in einem Erbauungsbuch lesen; aber das trägt zum Verständnis der Weisheit Jesu Christi nicht viel bei.

Nun schildere ich das zweite Hilfsmittel, das ich gebraucht habe, um die Theologie von Grund aus zu studieren: Das waren die Rabbiner und die Philosophie, die sie aus der Heiligen Schrift gezogen haben. Wenn ich den Stil des Predigers Salomo mit dem Stil der Sprüche Salomos vergleiche, dann will mir scheinen, als merke ich etwas von dem rabbinischen Geschmack. Doch läßt sich auch aus dem Prediger sehr vieles lernen, wenn schon die Schreibart nicht so konzentriert ist wie in den Sprüchen. Die Sprüche haben eine Absicht zum Behalten; der Prediger dagegen zielt auf Erweckung und Lehre. Diese Absicht erfordert einen anderen Stil.

Um mich nun in die älteste und von unserer deutschen so verschiedene Denkart hineinzuversetzen, habe ich Jahr und Tag teils mit dem Lektor *Bernhard,* teils für mich allein die Schriften der Rabbiner gelesen. Durch die große Begierde, die alte jüdische Art zu denken wohl innezuhaben, habe ich mich selbst gehindert. Überhaupt kommt man zu spät dazu, wenn man sich nicht schon als Knabe daran gewöhnt hat. Ich las also: Joseph Albo Sepher Ikarim, Rabbi Saaida Sepher Amunah, Rabbi Abarbanel Maschmiah Jeschuah. Den Michlal Jophi las ich ständig neben der fortlaufenden Lesung der Heiligen Schrift. Rabbi Bechai gefiel mir besonders gut. Ich fand jedoch, daß die Rabbiner nicht mehr rein nach der Art des Rabbi *Schimeon ben Jochai* in dem Buch Sohar[57] schreiben. Daher suchte ich nach einer Gelegenheit, die kabbalistischen Quellen[58] selbst zu lesen. Weil es aber schwer ist, so verschob ich es, bis ich Gelegenheit fände, mit gelehrteren und erfahrenern Juden umzugehen.

Die erste Reise

In Tübingen hatte ich mich von allen Verpflichtungen und Vorlesungen freigemacht und war in das Haus des Herrn Expeditionsrats *Härlin* gezogen. Ich unterrichtete hier meine drei Brüder *Wilhelm Ludwig, Johann Christoph* und *Ferdinand Christoph.* Wir bekamen aber alle vier das Fieber und mußten uns nach Hause begeben.

Nachdem die lang andauernde Krankheit überstanden war, ersuchte ich meinen Vater, mich mit Geld für die Reise zu versehen. Er gab mir wenig; aber meine Begierde zu reisen trieb mich trotzdem fort. Ich wollte Jena besuchen. Dort sollte, wie mir mein Freund Reuß geschrieben hatte, eine Erweckung wie in der Apostelzeit entstanden sein. Ich reiste über Frankfurt am Main und ging da zu dem Rat *Fende,* mit dem ich schon früher über sein arianisches Büchlein Briefe gewechselt hatte. Ich war kaum dort eingetroffen, da kam aus dem oberen Zimmer des *Schütz'*schen Hauses schon die reiche Jungfer Schütz* zu mir herab, brachte die »Cabbala denudata«** des Barons von *Rosenroth* unter dem Arm und verehrte sie mir. Sie bot mir auch Geld an und gab mir durch Fende zu verstehen, daß es gut wäre, wenn ich in Frankfurt bliebe und da studierte. Sie hatte trotz ihrer großen Mittel und vielen Möbel eine Abneigung gegen das Heiraten. Sie liebte die Beschaulichkeit und zeigte in der Unterhaltung ein sehr gründliches Wissen; denn in der Jugend war sie von ihrem Herrn Vater, dem berühmten Rechtsgelehrten, in allerlei Wissenschaften und in der Heiligen Schrift unterwiesen worden. Als ich mich für ihre Gunstbezeigungen einmal gar zu dankbar anließ, wurde sie abweisend und bestrafte mich damit gewissermaßen für meine allzu gekünstelte Höflichkeit, die nicht zu ihrem ernsten Wesen paßte. Ich suchte nichts und war mit der Cabbala denudata zufrieden, weil man dieses Buch nur schwer bekommen kann.

Herr Rat Fende führte mir den gelehrtesten Kabbalisten zu, den Juden *Cappel Hecht.* Dieser gewann mich wegen der ungewohnten Fragen aus der jüdischen Philosophie, die ich an ihn richtete, z. B. was »weites Gesicht« und »kleines Ge-

* Siehe Anmerkung 42

** Siehe Anmerkung 44

sicht in Gott« bedeute, sehr lieb. Ich kam gerade zur Zeit des Laubhüttenfestes zu ihm. Er bewies mir aus der Zeitgeschichte und aus dem Talmud auf Grund der seltensten Urkunden, daß *Plato*[59] ein Schüler des Jeremias gewesen sei und seine Grundbegriffe von ihm entlehnt habe. Ich dankte Gott für diese Schickung.

In Plato hatte ich schon längst bewundert, wo er wohl die mit der Offenbarung ziemlich übereinstimmende Beschreibung der Stadt Gottes hergenommen habe. Ich hatte nicht verstehen können, wie er dazu gekommen sei, von dem »Wort von Anfang« und von den drei höchsten Sephirot[60] oder den drei Gestalten der Gottheit so eindrücklich zu schreiben. Auch hatte ich nicht verstehen können, woher er die Lehre von den ewigen Ideen oder Originalabbildungen der Kreaturen in Gott genommen habe, da er schreibt, daß die Physik auf Experimente, die Theologie aber auf Aussprüche Gottes gegründet werden müsse, und warum er sich so oft auf die Zentralerkenntnis berufen hat, da er ausspricht: »Ich erkenne, daß ich ein Teil der höheren Welt bin und das ewige Leben mit einem unbegreiflichen Licht erlangt habe; aber da ich aus Ermattung von der Betrachtung jener reinen Erkenntnis auf die Stufe der bloßen Vorstellung herabsank, verließ mich jenes Licht.«

Als er mir von Plato so schöne geschichtliche Urkunden vorlegte, geriet ich in Verwunderung und sah ihm in Mund und Augen. Sein Töchterlein saß auf der Seite und sah mir ebenfalls in Mund und Augen. Als ich nun auch auf sie genauer sah, bestrafte er mich mit den Worten, ob ich nicht wisse, was Hiob gesagt habe: »Ich habe einen Bund gemacht mit meinen Augen, daß ich nicht achte auf eine Jungfrau« (Hiob 31, 1). Ich entschuldigte mich, daß ich ihren Geist und nicht ihr Fleisch angesehen habe; allein es half nichts, ich mußte unrecht haben. Ich nahm es hin. Es fiel mir oft ein und war, wenn auch zur Unzeit angebracht, dennoch eine gute Lehre von ihm.

Ich liebte ihn immer mehr und erkundigte mich bei ihm, wie ich es angreifen müsse, um die Kabbalisten zu verstehen. Er sagte, ich solle mir diese Arbeit sparen, ich werde es nicht dahin bringen; ich solle beim Text der Heiligen Schrift bleiben. Was die Kabbala betreffe, so hätten wir Christen ein Buch, das noch viel deutlicher von der Kabbala rede als das Buch Sohar. Ich fragte: »Welches?« Er antwortete: *»Jakob Böhme!«* und zeigte mir sogleich die Übereinstimmung seiner Aussagen mit den kabbalistischen. Da wunderte ich mich noch mehr und zog den Schluß, er müsse ein Christ sein. Er zeigte mir endlich das syrische Neue Testament, in dem er immer lese, und sagte, daß der Messias allerdings gekommen sei; er könne sich aber nicht zu den Christen halten, weil sie so wunderliche Lehren hätten. Unsere Lehre von der Dreieinigkeit werde gar zu unvernünftig vorgetragen. Es sei keine Trennung der Personen in Gott, der Messias sei nicht als die zweite Person anzusehen. Der Beweis sei der König Messias. Dieser stehe im Buch Sohar zwar höher als die Olam azilut [die ausgeflossene Welt], aber im kabbalistischen Sinn werde er jederzeit als der König Messias und nicht als die zweite Person dargestellt. Es müßte alles ganz anders vorgetragen werden, wenn es dem Gewissen Genüge tun soll.

Endlich fragte ich ihn wegen der schlußmäßigen Denkart des Paulus. Er sprach, wir könnten unmöglich weder diese noch die sonstige Zartheit der Sprache des Paulus so innehaben wie ein rechter Israelite. Paulus habe als ein höchst gelehrter Jude und als ein vom Heiligen Geist erfülltes Werkzeug geredet und geschrieben; wir würden nimmer so viel Zeit auf diese Dinge verwenden, daß wir sie ganz in den Griff bekommen könnten.

Ich reiste endlich von Frankfurt ab. Jungfer Schütz beschenkte mich reichlich, und Fende gab mir den Rat, nicht schnell vorwärts, aber auch nicht schnell rückwärts zu gehen.

Unterwegs traf ich im Postwagen den Herrn *von Marsay*[61], einen hugenottischen Flüchtling, der hernach viele Büchlein unter dem Titel »Zeugnis eines Kindes« geschrieben und auch die Kühnheit besessen hat, den vortrefflichsten Seelen wie *Bourignon, Guyon, Böhme* und andern ihre Wohnungen nach dem Tod auf den Planeten anzuweisen und diese seine Einfälle für Inspirationen auszugeben. Er rühmte über alles die Madame de Guyon; ich aber sagte, daß Madame de Guyon nicht für uns gekreuzigt sei. Man müsse sich nicht so an Menschen hängen. Ich erzürnte ihn sehr damit. Wir konnten uns nicht verständigen und trennten uns auf der Post, da er einen andern Weg einschlug.

Hier muß ich einschieben, daß ich im Jahr 1728 oft mit Dr. *Kayser*[62] zusammengekommen bin, einem grundgelehrten Mann, der unsern Prinzen *Friedrich Ludwig*, den Sohn des *Herzogs Eberhard Ludwig*, auf der Reise als Hofmeister begleitet hatte und in Stuttgart als praktischer Arzt lebte. Ich war damals in größter Sorge, daß ich nicht meinen Überzeugungen gemäß würde handeln können, wenn ich bei der Theologie bliebe, und war schon fest entschlossen, mit Dr. Kayser gemeinschaftliche Sache zu machen, die Theologie aufzugeben und mich als Arzt niederzulassen. Dr. Kayser war ein großer Verehrer von Jakob Böhme wie ich auch. Er war ein strenger Separatist und zog über die Guyon und Böhme los, besonders aber über Böhme, weil er am Ende seines Lebens einen Pfarrer zu sich gelassen und auf seine Fragen bejahend geantwortet habe. Ich sagte, das könne man Jakob Böhme wohl zugute halten. Wir kamen weiter ins Gespräch über das ganze System Jakob Böhmes. Er gab viele Büchlein darüber heraus, er drehte aber darin alles auf die Trennung von der Kirche. Er wollte mich davon überzeugen, daß das, was Böhme in seinem Büchlein von den Testamenten über die Taufe und das Abendmahl geschrieben habe, irrig sei; da habe er falsche Schlüsse gezogen. Ich aber sagte: Nein, es folge denkrichtig aus seinem ganzen System. Darüber wurden wir uneinig, und ich begab mich von ihm weg auf die Reise.

Einmal unterbrach ich meine Reise und traf auf einem Fußmarsch, den ich nach Berleburg unternommen hatte, Herrn von Marsay in Schwarzenau wieder. Er machte Uhren. In Berleburg hörte ich einen Gesang; ich ging auf den Ort zu und traf in einem großen Saal eine große Versammlung. Der *Graf von Berleburg** winkte mir, näher herzutreten. Ich nahte mich ihm und fand *Dippel*[63] und *Struensee*[64], der später Generalsuperintendent geworden ist, in einem heftigen Streit wegen des Spruchs: »Das Blut Jesu Christi macht uns rein von aller Sünde« (1. Johannes 1, 7). Ich wunderte mich über die beiden Männer; denn sie waren gleichsam außer Atem vor Zank. Ich dachte mir für mein Teil: Da wird wenig Wahrheit herauskommen! Mit Dippel sprach ich hernach oft, besonders an der Tafel bei dem Herrn *Grafen von Wittgenstein;* ich hielt aber nicht groß von ihm. *Canz,* der Bruder des Tübinger Theologen, gefiel mir besser.

Ich brach von Berleburg wieder auf und ging zu Fuß nach Schwarzenau. Da traf ich den Marsay wieder an; er blieb aber auf der alten Leier wegen der Guyon. Dieser Marsay erhielt seine Güter wieder und zog von Schwarzenau nach Wolfenbüttel. Da lernte er die Wege Gottes ins Ganze einsehen, ging in die Kirche, nahm wieder am Abendmahl teil und bezeugte, er habe geirrt; es sei schwer, einen Separatisten herumzuholen.

Inzwischen wurde Dr. *Kayser* durch Marsays Umkehr auch an seiner Kirchengegnerschaft irre und machte nicht mehr so viel Wesens daraus, sondern ließ jeden seinen Weg gehen. Doch wollte er nicht öffentlich widerrufen, wie auch Marsay seine Büchlein nicht widerrufen, sondern nur durch seinen Wandel seine Umkehr angezeigt hat. Dr. Kayser stand in den achtziger Jahren. Am Ende seines Lebens wurde ihm bang, daß er so wenig Liebe für das Allgemeine bezeigt hatte. Er zitterte vor Furcht. Da ließ er die Pfarrer gern zu sich und sagte: »Das sind meine Tröster!« Er nahm das

* Graf Kasimir von Berleburg († 1741)

Abendmahl von Herrn *Spittler* in Stuttgart und widerrief also, was er an Böhme getadelt hatte.

Ich kam in Jena an und ging zu dem Vorlesung haltenden Magister *Spangenberg*[65]. Ich besuchte ihre neu errichteten Schulen und wunderte mich, wie sehr sie zusammenhielten, um Christus in den Seelen groß zu machen. Einmal kam ich in eine Versammlungsstunde, wo ihrer fünfzig bis sechzig aus allen Fakultäten, darunter auch Adelige, auf ihr Angesicht niederfielen und beteten. Hernach hielten sie Ansprachen und luden mich ein, auch zu sprechen. Ich trug also vor, daß ich ausgereist sei, um mich kraft meines vom Konsistorium erhaltenen Zeugnisses in der folgenden Sache mit anderen zu besprechen und zu hören, ob sie auch damit beschäftigt seien. In der reinen, schriftgemäßen Erkenntnis komme alles auf die Grundgedanken an, die Jesus und die Apostel ebensogut gehabt haben wie die Philosophen, die ihre Begriffe über die Seele auf die Monaden und hinsichtlich der Körper auf die bewegenden Kräfte zurückführen. Die Philosophen führen alles auf den Satz vom Widerspruch* und vom zureichenden Grund zurück; ich aber glaube, daß ebenso auch Paulus mit dem Satz vom Widerspruch seine Gedanken bekräftigt habe, wenn er sagt: »Ist es aus Gnaden, so ist es nicht aus Verdienst, sonst würde Gnade nicht Gnade sein« (Römer 11, 6). Paulus jedoch habe diesen Satz des Widerspruchs: »Alles, was ist, das ist, oder: es ist unmöglich, daß etwas zugleich ist und nicht ist« nicht nur nach der vom Geist getrennten Betrachtungsweise der Natur, sondern auch in Verbindung mit der Kraft Gottes in Christus gebraucht. Es sei folglich nach der Weisheit gehandelt, wenn wir die wahren Grundgedanken der Apostel und Jesu bis dahin gebrauchen; jene philosophischen Grundgedanken aber hätten wir nicht nötig, sondern solche, die Jesus

* Der »Satz vom Widerspruch« besagt, daß einander entgegengesetzte Urteile nicht beide zugleich wahr sein können. Das eine muß wahr und das andere falsch sein. Dasselbe Urteil kann nicht zugleich bejaht und verneint werden.

im Mund geführt hat. Der Evangelist Johannes habe sein Evangelium mit den Worten angefangen: »Im Anfang war das Wort« ..., und dies Wort sei das Leben und das Licht der Menschen; das Licht habe in der Finsternis geschienen, und die Finsternis habe es nicht begriffen. Das seien die letzten Begriffe aller Apostel; auf diesen müsse alles beruhen. Wer anstatt dieser die Monaden einführe, trage eine fremde Lehre in das Evangelium; wer aber alles, was von Jesus Christus handelt, in Verbindung mit diesem [das heißt mit den Grundgedanken] verstehe, der sei auf dem rechten Weg.

Solche und noch andere Bemerkungen ließ ich in meinen Vortrag einfließen. Sie waren aber in ihren Begriffen nicht darauf eingestellt. Nur an Spangenberg merkte ich, daß er auf dem geraden Weg der Schriftgedanken war, da er es öffentlich aussprach, daß das Trinken vom Gewächs des Weinstocks im eigentlichen Sinne zu verstehen sei.

Ich meinerseits glaube gewiß, daß Johannes die zehn ersten Kapitel seines Evangeliums mit Bezug auf die drei Grundsachen: erstens Wort, zweitens Leben und drittens Licht, geschrieben hat. Durch das Wort ist Christus vor Johannes gewesen (Kap. 1, 27); durchs Wort hat er Wasser in Wein verwandelt (Kap. 2); durchs Wort hat er gesagt: »Wir bezeugen, was wir gesehen haben« (Kap. 3, 2); durchs Wort hat er zur Samariterin gesagt: »Ich bin's, der mit dir redet« (Kap. 4, 26); durchs Wort hat der Engel das Wasser bewegt (Kap. 5, 4); durchs Wort hat Jesus gesagt: »Nimm dein Bett und gehe hin!« (Kap. 5, 11); durchs Wort sprach er: »Mein Vater wirkt bisher, und ich wirke auch« (Kap. 5, 17) usw. Das sechste und siebte Kapitel beziehen sich auf das Leben, wie aus allen Versen offenbar ist. Das achte, neunte und zehnte Kapitel zielen offenbar auf das Licht. Wer das nicht sieht, tut sich selber Gewalt an.

Von Jena aus reiste ich nach Halle in Sachsen. Dort erkundigte ich mich nach den Anstalten des Waisenhauses. *Baumgarten* war damals sehr fromm und ernst gesinnt und leitete mit Herrn Professor *Francke* die Anstalten. Ich übernahm auch selbst einen Lehrauftrag dort. Nach einiger Zeit gab ich ihn auf und hielt mich an den reformierten Professor *Pauli,* weil er von der allgemeinen Gnade so unvoreingenommen predigte.

Nachdem ich mich über die Verhältnisse an der Universität Halle hinreichend erkundigt hatte, nahm ich mir vor, als Dozent aufzutreten. Ich zeigte meine unter Professor *Hagmajer* in Tübingen gehaltene Dissertation vor, worauf mir Geheimrat *Gundling* und Kanzler *Ludwig* sogleich die Ermächtigung erteilten, öffentliche Vorlesungen zu halten. Ludwig fragte mich, ob ich ein Beispiel dafür wisse, daß jemand die Logik gelernt habe, ehe er hinter den Ohren trocken, das heißt vierzig Jahre alt geworden sei. Ich antwortete, die Logik lerne niemand aus den Regeln, sondern durch Übung. Der Franzose sage: durch Schaden wird man klug! Man könne wohl in dem einen oder andern Stück logische Beweise ausarbeiten; aber die Logik so zu lernen, daß man in allem Tun logisch handle, sei auch im vierzigsten Jahr noch zu früh. Er war mit dieser Antwort sehr zufrieden und unterhielt sich sehr wohlwollend mit mir. Ich eröffnete ihm dann meine Absicht, daß ich vor allem die heilige Philosophie aus der Heiligen Schrift und was damit zusammenhängt, vortragen wolle, die hauptsächlich aus den Sprüchen Salomos abgeleitet werden müsse.

Mit diesem Plan trug ich mich also, konnte aber zu jener Zeit mit meinem Vorhaben nicht durchdringen; denn die Studenten in Sachsen sind gewohnt, daß sie sich alles in die Feder diktieren lassen, und außerdem hatte Baumgarten damals schon einen großen Anhang.

Ich übte mich dann mit einem Kabbalisten, einem Juden in Halle, in dem Buch Ez chajim. Ich kaufte die Handschrift für teures Geld und wandte alle meine Gedanken an die heilige Philosophie der Kabbalisten.

Nach einem halben Jahr entschloß ich mich, zu dem Grafen *Zinzendorf*[66] nach Herrnhut zu reisen, um zu prüfen, ob ich da die heilige Philosophie besser anbringen könnte. Als ich in Herrnhut angekommen war, wohnte ich einer Versammlung bei und sagte, nachdem die Ansprache beendigt war: »O ihr lieben Leute, ich höre aus allem, daß ihr nicht auf der Heiligen Schrift, sondern auf den Liedern des Grafen stehet«. Sie entschuldigten sich und sagten, es sei nicht so. Trotzdem gaben sie mir, nachdem ich den Herrn Grafen besucht hatte, die besten Worte, daß ich bei ihnen bleiben möchte.

Es hatte ihn auch ein schweizerischer Student der Rechtswissenschaft namens *Wolleb* besucht. Dieser war der scharfdenkendste Philosoph, der nach der Art des *Hobbes* alle seine Begriffe geordnet und abgezählt in Bereitschaft hatte und im Äußern ihnen entsprechend mit größtem Ernst einherging, im übrigen aber mit der Gemeinschaftssache nichts zu tun haben wollte. Er wurde ebenso wie ich überredet, dazubleiben. Mir gefiel an dem Grafen, daß er jedem seine Begriffe stehen ließ und zufrieden war, wenn einer nur sich selbst getreu lebte.

Ich schrieb dort des Halatophili Irenäi »Aufmunternde Gründe zur Lesung *Jakob Böhmes*, bestehend in einer Vorstellung, wie viel Jakob Böhmes Schriften zur lebendigen Erkenntnis beitragen, wider die scheinbaren Einwendungen aus gründlich herausgesuchter Schrift- und Naturähnlichkeit verteidigt und mit vielen Anmerkungen erläutert«. Dieses im Jahr 1731 gedruckte Büchlein enthält »meine in der Schnelle unter vielen Anläufen und Geschäften hingeworfenen Gedanken von der Notwendigkeit und dem Lob der Erkenntnis, und wie Jakob Böhmes und anderer Bücher, namentlich die des *Thomas Bromley*[67] dafür zu gebrauchen seien. Ich hätte wohl die Sachen ordentlicher auseinander herleiten, vielfache Weitläufigkeit vermeiden und dadurch den Inhalt angenehmer machen sollen; allein weil ich ganz gegen alle meine Absicht dazu kam, als ich gebeten wurde, eine Vorrede zu dem ersten Büchlein des Herrn *Tschesch* zu schreiben, und doch auch die nötige Zeit dazu nicht hatte, so gewann es die vorliegende Gestalt. Ich suche nichts als Gottes Ehre durch die völlige Erkenntnis Jesu und seiner Herrlichkeit und Verklärung und daß man nicht so armselige Gedanken von dem heiligen Geist habe, sondern glaube, daß die Erkenntnis aus ihm eine höhere Lust und Seelenerquickung schenke als alle aus der Vernunft geschöpfte Erkenntnis der Natur.« – »Es ist weiter zu bemerken, daß in diesem Buch beim Lesen Jakob Böhmes einzuhaltende Vorsichtsmaßregeln durch Streichungen des Druckers weggeblieben sind. Ohne diese Hinweise taugt das Buch nach meinem Urteil aber nicht viel. Durch *Jakob Böhme* gibt es ohnehin schon ungezählte Phantasten und Bildermacher. Deshalb aber weil die Werke Böhmes rechtschaffenen Männern wie *Spener*[68], *Anton* u. a. viel zu schaffen gemacht haben, braucht das Kind nicht mit dem Bad ausgeschüttet werden. Meine Meinung ist, daß Gott Jakob Böhme auf übernatürlichem Weg die Möglichkeit der Naturkräfte eröffnet, er aber durch unverständliche Ausdrücke sich selbst verdächtig gemacht hat. Er hat seine eigenen Schlüsse nicht genügend unterschieden von dem, was ihm durch Erleuchtung aufgeschlossen worden ist, und hat lange nicht die Wertschätzung seiner Gabe wie Paulus besessen, der sagt: »Ist er im Leibe gewesen, so weiß ich's nicht ...« (2. Korinther 12, 2). Seine Bücher hätten also unzählige Vorbehalte nötig gehabt, unter denen die Philosophen dann aber wohl aufgemuntert werden dürften, Jakob Böhme zu lesen, besonders in Verbindung mit der Newton'schen Philosophie, mit deren Hilfe ohne Beeinträchtigung der Wahrheit die vielen nur schwer verständlichen Bilder aus seinen Schriften herausgenommen und erklärt werden könnten.

Unter der Hand versuchte der Graf, mich in alle seine Gesichtspunkte hineinzustellen. Ich aber sagte je und je, daß ich von ihrer Sprache nicht ein Wort annehmen und trotzdem ihre Gemeinschaft lieben wolle. Als sie mich aber gar für einen Auftrag in Frankreich gebrauchen wollten, entschuldigte ich mich, daß die Entscheidung hierüber nicht bei mir stehe; ich sei meinem Herrn, dem Herzog von Württemberg, verpflichtet. Der Graf schrieb sogleich an den Herzog; ich wurde aber schnell zurückberufen.

Als Repetent im Stift

In Tübingen mußte ich gemäß meiner Verpflichtung als ehemaliger Stiftler die Aufgaben eines Dozenten oder Repetenten übernehmen. Ich mußte, wie es die Ordnung in Tübingen mit sich bringt, die Magister in den theologischen Fächern in der Disputationskunst üben und auch allerlei Philosophisches und Theologisches mit den Kandidaten durchnehmen. Die Ordnung bringt es auch mit sich, daß man hie und da in der Stadtkirche zu predigen und bei der Austeilung des heiligen Abendmahls zu helfen hat. Dem letzteren versuchte ich auf alle Weise zu entgehen, weil ich die Abendmahlsteilnehmer nicht auch vorbereiten konnte.

Bei alle dem bemühte ich mich aufs äußerste, alle meine Kräfte in Gott gesammelt zu halten und besonders – nach dem Rat Platos – mit gesammeltem Geist schlafen zu gehen, damit mich keine sinnlichen Bilder oder böse Lust im Schlaf überfallen möchten. Darauf übte ich mich mehr als auf alles andere, und ich kann in Wahrheit sagen, daß ich so verschlossen und bewahrt schlief, als wenn mich der Schild Gottes in besonderer Weise deckte.

Bilfinger war inzwischen wieder aus Petersburg zurückgekommen und Professor der Theologie geworden. Er beauftragte mich, die Kandidaten in der angewandten Mathematik zu unterrichten. Dadurch wurde meine Einfalt im Schlaf unterbrochen, und weil ich mich sehnte, sie wieder zu erlangen, gab ich bald dem Studium der Philosophie, bald der Unruhe im Stift, bald anderen Dingen die Schuld. Meine Unerfahrenheit in den inneren Wegen brachte mich auf den Gedanken, daß mich das Studieren an der inneren Reinheit und an der Keuschheit des Herzens hindere. Als ich das Erbgut meines verstorbenen Vaters in Händen hatte, beeilte ich mich daher, wieder auf Reisen zu gehen, um mich ganz der heiligen Philosophie zu widmen, dies um so mehr, da ich kurz zuvor das Buch »Evangelische Ordnung der Wiedergeburt«* geschrieben hatte. Mit diesen heiligen Absichten reiste ich wieder von Tübingen ab.

Die zweite Reise

Inzwischen kam der Graf von Zinzendorf und erbat sich in Tübingen ein theologisches Gutachten. Bilfinger war dazu bereit. Auf seine Frage, ob es der Graf redlich meine, sagte ich, so viel ich wisse, laufe bei ihm alles auf Jesu Gemeinschaftssache hinaus; aber die menschlichen Nebenabsichten könnten wir nicht genügend voraussehen. Weißmann sah deren genug voraus. Bilfinger jedoch als Dekan war dem Grafen gefällig und gab dem Antrag statt. Als Kandidat der Theologie, für den er sich ausgab, ließ man ihn sogar auf die Kanzel.

Da Zinzendorf mir jede Förderung meiner heiligen Absichten versprach, reiste ich mit ihm wieder von Tübingen ab. Später reiste ich dann allein, nachdem ich ihm gesagt hatte, daß ich schon nachkommen werde. Ich kam über Erfurt und wurde dort in der Nähe** mit einem Bauern bekannt, der die Zentralerkenntnis haben sollte. Er hieß *Markus Völker* und war ein außergewöhnlicher Mensch von ungeheurer Muskelkraft, so daß er mit einer Hand einen Wagen hochheben konnte. Er war von großer Gestalt und besaß ein ungemein liebliches und doch ernsthaftes Gesicht. Sein Großvater war ein österreichischer Graf und Oberst gewe-

* 1735 erschienen

** von Ruderstädt

sen, doch ohne Güter. Im Krieg hatte ihm ein Türke die obere Gehirnschale jedoch ohne Verletzung der harten äußeren Hirnhaut oder des Gehirns hinweggehauen. Weil er nicht mehr dienen konnte, hatte er mit dem Geld, das ihm geblieben war, einen Bauernhof gekauft, ein Bauernmädchen geheiratet und Kinder gezeugt, unter denen auch der Vater Markus Völkers war. Dieser hatte zwölf Kinder, die in Bergwerkssachen große Kenntnisse besaßen und große Gewinne machten. Markus, der das jüngste Kind war, wurde nach dem frühen Tod des Vaters vernachlässigt. Er lernte weder schreiben noch lesen und mußte als Pferdeknecht dienen. Schon als Pferdejunge ging ihm auf dem Feld das innere Gesicht auf, in dem er wie Joseph die Schicksale seiner Geschwister sah, und zwar nicht im Traum als ein Schlafender, sondern als ein Wachender. Von der Zentralerkenntnis habe ich in dem Buch über die *»Therese von Bordeaux«** ausführlich geschrieben, wennschon einige es für eine wertlose Sache halten. *Becker* ist der Ansicht, daß die Versuchungen Christi nur dem Schein nach geschehen seien. Die Wolffianer werden dieser Meinung nicht abgeneigt sein. Ich aber schließe aus dem Text, daß der Teufel Christus alle Reiche der Welt in einem Augenblick gezeigt habe, und Jesus habe es zugelassen, daß er durch die Zauberkunst des Teufels diese Reiche in einem Augenblick von innen heraus gesehen habe. Ob sich Jesus auch sonst dieser Zentralerkenntnis bedient hat, weiß ich nicht. Es könnte dies da der Fall sein, wo er sagt: »Der Sohn kann nichts von ihm selber tun, sondern was er sieht den Vater tun.« Folglich ist dieses Wort keine Nichtigkeit, wie die kurzsichtigen Gelehrten dieser pelagianischen[69] Zeit es behaupten.

Man sagte mir von Markus Völker, daß er dieselben Charakterzüge an sich trage, die ich in *Ruysbroeks* Erklärungen über die Stiftshütte gelesen hatte und mit denen dieser erleuchtete und ganz besondere Mann sein eignes Bild entwor-

* Die Verklärung Jesu in seiner Braut (1734)

fen hat. Ruysbroeks Worte lauten folgendermaßen: »Unter den zwanzig Vögeln, die nach Gottes Befehl den Juden unrein sein sollten, war der Adler der erste. Dieser ist unter den Vögeln der König. Er fliegt am höchsten, schaut in die Sonne, und alle Vögel scheuen sich vor ihm. So sind auch die heiligen Menschen sowohl im Himmel als auch auf Erden dem Adler gleich, doch nur in einigen Zügen. Die ihm aber in allem gleich sind, deren Leben ist unrein. Hier merke der Leser, was die Natur und was die Gnade über die Natur vermögen; denn solches will ich nun mit wenigen Worten erläutern. Wer sich in seiner Einkehr von allen Bildern und Gleichnissen frei und los machen und sein Gemüt in die ruhige Bloßheit erheben kann, der ist der Natur nach ein König über andere Menschen; denn er fliegt so hoch, als es die Natur immer zuläßt, und macht sich ein Nest und findet Ruhe in seinem einfältigen Wesen. Er richtet auch die Schärfe seines Gemüts auf die einfältige Wahrheit, die stets sowohl in seiner als aller anderen Wesenheit einleuchtet. Und weil sein Anschauen einfältig und ohne viel Vergleichung durch die Vernunft ist, so beschaut er die Wahrheit selbst mit unbeweglicher und unverletzter Schärfe seines Gesichts. Dies aber ergötzt seine Natur so sehr, daß er alle Vergleichung, Unterscheidung und vernünftige Überlegung, die sein bloßes Anschauen hindern und sein Inneres mit Bildern anfüllen könnte, verachtet und für fremd, unrein, unedel und geringwertig hält. Der Adler überwindet auch den Drachen, weil der Teufel in dieser bilderlosen Blöße die Menschen nicht versuchen darf. Aber wie erhaben und rein ein solcher Mensch in seiner Einkehr ist, so plump, ungeschickt und unrein ist er bei seinem Ausgang ins Äußere. Er hält die, die nicht an ihn heranreichen, gern für gering und fern von der Vollkommenheit. Er betrügt sich aber selbst; denn er will schauen und nicht glauben, haben und nicht hoffen, besitzen und nicht lieben. Obwohl er wie der Adler hoch fliegt, so wird er doch nicht über sich selbst erhoben werden. Niemand steigt durch das Licht der Natur über sich selbst hinaus, nur die Liebe und die Gnade erheben ihn über sich selbst in Gott. Ein solcher umfaßt und liebt alle vernünftigen Werke, die dem Glauben und der ersten Wahrheit gleich sind, als herrliche Früchte, mit denen er selbst geziert ist. Wenn er schon so weit gekommen ist, den zu kennen, der von Anfang an ist, so hält er sich doch herab zu den Ordnungen der Gemeinde. In seinen Worten und in seinen Beispielen zeigt er so große Gnade und Lieblichkeit, daß alle seine Feinde zurückweichen müssen. – So viel von dem Adler, der uns nach seiner Natur zwar verboten ist, nach der Gnade aber vor allen Vögeln als Muster empfohlen ist.«

Dies ist das Bild des erleuchteten und bescheidenen Ruysbroek. Nach diesem habe ich Markus Völker geprüft und habe es der Mühe wert gehalten, eine geraume Zeit bei ihm zu bleiben und seine Zentralschauungen, die er mir erzählt hat, zu prüfen. Es war bei ihm viel Natur, aber auch viel Gnade, eine ungemeine Demut und bescheidene Höflichkeit, dazu große Einsichten unter der plumpsten Bauerndecke. Er hatte aber auch sehr viele Fehler, die aus mangelnder Fähigkeit des schlußmäßigen Überlegens herrührten. Da sah ich, wie leicht ein Mensch, der die inwendige Ruhe geschmeckt hat, darauf verfällt, die Mäßigkeit der stückweise gehenden Denkart zu verachten. *Tuschiah,* das heißt wesentliche Weisheit, hatte er in reichem Maße. Er verstand die höchste Ordnung der Geburten der Dinge; aber er wandte keinen Fleiß daran, sich mit Hilfe der Unterscheidung über sich selbst zu erheben, seine Eingebungen aus dem Mittelpunkt wie in einem Spiegel vor sich hinzustellen und sie mit vernünftiger Gliederung Stück für Stück in Worte zu bringen. Wie nun die, welche nach dem Geist (1. Korinther 12, 8) stark sind oder die *Binah,* das heißt die auf Erfahrung beruhende Erkenntnis nach dem Wort Gottes in reifer Unterscheidung besitzen, jene verachten, welche wie Markus Völker das Wort der Weisheit durch den Geist oder die

Chochma, das ist die Zentralweisheit, haben, und sie als Fanatiker betrachten, so verachten diese wiederum die vernünftig und stückweise gehende Art zu denken, die uns zu dem Stückwerk unseres gegenwärtigen Zeitalters doch fast nötiger ist als jenes vollkommene, bilderlose Zentralwerk. *Arnd* wäre für die Sachkenntnis in seinen Geschäften ungeschickt geworden, wenn er vor der Zeit gesehen hätte, was er am Ende seines Lebens schaute.

Ich sagte dem Markus Völker oft, er fehle darin, daß er alles unmittelbar von Gott haben wolle, daß er das Empfangene nicht bewahre und die Vernunft verachte. Aber er war unfähig zu behalten, was er für einige Augenblicke begriffen hatte, so sehr war er in die Zentralweise des Geistes vertieft. Er war zu müde, nur sein Geld, das er als Fuhrmann verdient hatte, vernünftig aufzubewahren. Der Rechnungsverstand und der Zentralverstand sind schwer zu vereinigen.

Ich redete ihn einmal folgendermaßen an: »Lieber Markus, aller Verlust und Schaden und alle Unordnung in Eurem Hause kommt aus dem Mangel an vernünftiger Überlegung. Ihr ergötzt Euch so sehr an dem Genuß der Zentralerkenntnis, daß Ihr darüber alles Wachen, Bewahren und Unterscheiden im Äußern versäumt, viel Gnade vergeblich empfangt und auch Eure Fehler wegen mangelnder Besinnung Euch nicht durch die Vernunft zunutz macht. Ihr fürchtet, Eure Zentralgabe zu verlieren, wenn Ihr den unterscheidenden Verstand dabei gebraucht. Es ist wahr, solange man sich angestrengt besinnt, weicht der freie Fluß des Geistes; aber Ihr müßt Euch Zeit zu jenem und Zeit zu diesem nehmen. Ihr wollt die Zeit, die Ihr am Zifferblatt der Uhr seht, innerlich sehen; Ihr wollt den Löffel, den Euch Gott ein für allemal zum Essen gegeben hat, immer aufs neue gegeben haben. Das ist Unverstand bei höchstem Verstand. Da versucht Euch der Teufel nicht im Innern, sondern durchs Äußere macht er Euch im Innern irre.« Markus sah es ein; er konnte sich aber nicht viel ändern.

Er las viel in der Heiligen Schrift und lernte von selbst lesen und schreiben. Er konnte die ganze Harmonie der Evangelien erfassen, ja er brachte sie sogar zur inneren Beschauung; aber er hatte der *Tuschiah,* der wesentlichen Weisheit, zu viel und der *Daat* und der *Tebhunah,* der überlegenden Logik in der Vernunft, zu wenig.

Es wäre von dieser Sache noch viel zu sagen, aber ich breche ab. *Sokrates* und *Plato* besaßen die Zentralerkenntnis der Natur auch; aber sie hatten ebensoviel unterscheidenden Verstand und wandten Mühe an, ihre Fragen in Sätze zu fassen, damit sie sie nachher wieder betrachten könnten. Plato reiste solchen Leuten zulieb sehr weit.

Ich reiste endlich wieder nach Herrnhut zum Herrn Grafen von Zinzendorf; aber ich erreichte dort meinen Zweck nicht, obwohl ich Jahr und Tag mit ihm über der Heiligen Schrift zugebracht, ihn das Griechische und Hebräische gelehrt und die Sprüche Salomos da erklärt habe. Warum? – Der Herr Graf hatte einen Plan, die halbe Welt Christus zu unterwerfen, und darauf war er viel zu sehr aus, als daß ihn die Heilige Schrift in »mäßiger« Erkenntnis aus seiner Plänemacherei hätte herausführen können. Weil ich dies in dem »Gespräch über Hiob«* und in der »Unterredung zwischen Zinzendorf und Dippel«** beschrieben habe, will ich es hier nicht weiter berühren. Ich hatte zwar keinen großen Erfolg mit meinem Plan, die Grundgedanken der Heiligen Schrift immer genauer herauszufinden und untereinander in Verbindung zu bringen; ich erlangte dafür in der Arbeit an den Seelen viel Übung.

Nach viel ausgestandenem Kummer verließ ich diese Gemeinde und ging, weil ich meinen Bruder Ferdinand, den jetzigen Professor der Medizin in Tübingen, als jungen Medizinstudenten bei mir hatte, nach Leipzig. Dort begab ich mich zu *Dr. Wipacher,* der auch wieder ein ganz eigenartiger

* Das rechte Gericht (1748)

** Gespräch im Reich der Toten (1761)

Mann war. Er behandelte seine Kranken als ein Arzt der alten Schule und besaß auch die Zentralschau, aber ganz anders als *Markus Völker*. Mein Bruder dagegen besuchte die philosophischen und medizinischen Vorlesungen in Leipzig, nachdem er bereits in Herrnhut unter dem dänischen Hofarzt *Grothausen*, einem sehr gelehrten Anatomen, viel gelernt hatte.

In Herrnhut war der bekannte *Jonas Korte* mein sehr lieber Freund. Dieser wollte mich nach Jerusalem zum Reisegefährten haben, wie es in seiner Reisebeschreibung im vierten Blatt der Vorrede zu lesen. Ich war im Anfang willens; als ich es aber hernach auf Bengels Ausschlag ankommen ließ, so widerriet er es, weswegen ich auch die sonst schöne Gelegenheit, umsonst zu reisen, fahren ließ. Korte kam aber, da ich im ersten Jahr in Hirsau war, von Venedig zurück und schrieb seine Reisebeschreibung bei mir.

In Leipzig schrieb ich das Buch »Von der Herunterlassung Gottes«*. Von da aus unternahm ich eine Reise nach Berlin und kam auf dem Rückweg nach Kloster Bergen zu dem Abt *Steinmetz*[70]. Dort zweifelte ich noch sehr, ob ich mich auf eine Anstellung im Kirchendienst einlassen sollte.

Ich begab mich hierauf wieder nach Halle, studierte die Medizin unter *Dr. Junker* nun auch selber und hielt Vorlesungen über die Heilige Schrift, über das, was zur heiligen Philosophie gehört, besonders über die Sprüche Salomos und über Hiob. Hernach besuchte ich wieder den Markus Völker und reiste von da aus nach Holland über Nijmegen und Leiden, sprach dort mit *S'Gravesande, Mark* und anderen und kam dann in Amsterdam an, wo ich die sektiererischen Geister kennenlernte. Ich hielt mich aber da nicht lange auf.

Nachdem ich wieder in Frankfurt angelangt war, begab ich mich der medizinischen Praxis wegen nach Hessen-Homburg zu *Dr. Kämpf*[71]. Auch er war ein besonderer Mann. Sein von ihm selbst verfaßter Lebenslauf ist erbaulich zu lesen.

* Die unerforschlichen Wege der Herunterlassung Gottes ... (1735)

Er war zuerst Hofmeister und Privatlehrer bei einem jungen Herrn in Straßburg gewesen. Später begab er sich nach Kolmar und eröffnete dort eine Privatschule, in der er in Mathematik, Logik, Rhetorik, Latein, Griechisch und anderen Fächern unterrichtete. Er verfuhr dabei so, daß er aus den Gesichtszügen und der Art sich auszudrücken zuerst ein Bild von der Begabung eines Schülers zu gewinnen suchte und dann voraussagte, diesen in sechs bis acht Wochen die Logik, jenen in einer bestimmten Zeit die Rechenkunst und die Geometrie, wieder einen andern die Metaphysik zu lehren. Das Schulgeld, das ziemlich hoch war, mußte man bei einem Schiedsgericht hinterlegen, und wenn die Schüler in Gegenwart der Schiedsrichter ihre Prüfung erfolgreich abgelegt hatten, zog er sein Geld ein; wenn sie aber nichts gelernt hatten, dann brauchten sie nichts zu bezahlen.

Er hatte wie der alte Regierungsrat Sturm in Blaubeuren, der Vater der bekannten *Jungfer Sturm*[72], beinahe für jedes Naturell eine angemessene Methode. Sturm lernte für sich in Monatsfrist jedesmal eine orientalische Sprache, es sei persisch, abessinisch, koptisch oder arabisch. Dabei mußte er aber unausgesetzt von Stunde zu Stunde fortfahren. Zwei Monate konnte er nicht so zubringen, sondern nur einen; den folgenden Monat mußte er ruhen und durfte an nichts denken. Fast auf die gleiche Art hat Dr. Kämpf für jede Veranlagung alles berechnet, was dazu gehört, um ein Wissensgebiet so zu lernen, damit auf Tag und Stunde der Erfolg da ist. Auf diese Weise hat er jährlich über zweitausend Taler verdient und seinen Zweck gewiß erreicht. Dies alles ist ein Beweis für die hohe Begabung dieses Mannes, der so genau, scharfsinnig, tief und umfassend in seinem Wissen gewesen ist.

Seine Gemütsveranlagung war jovialisch, heiter und fröhlich. Er hatte helle blaue Augen. Die Statur dieses Naturells ist mittelgroß, das Gesicht ist länglichrund und von rosiger Farbe, die Stirne ist schön, die Haare über der Stirne sind lang und wenig schwarzbraun, die Stimme hat hellen Klang, die Augen sind zuweilen blau und zuweilen schwarz, die Augenbrauen schwingen hoch aus, die Nase ist leicht gebogen, der Mund groß, die obere Lippe ist größer als die untere, die Unterlippe ist rund, die Schultern sind breit, die Hände und die Füße sind kräftig. Im Benehmen sind sie sehr ausgeglichen und friedsam, in der Rede immer wohlüberlegt, verschwiegen und zurückhaltend, im Tun und Lassen liebreich, zielbewußt, kinderlieb, tiefsinnig in Bezug auf ernste Dinge, gerecht, sauber, barmherzig. Im Zorn weiß sich dieses Naturell zu mäßigen, den Geiz zu verbergen und im übrigen alles zum Frieden zu wenden.

Dr. Kämpf war dies alles und noch mehr. In Straßburg erlernte er die Anatomie und sah den übelgeratenen Kuren der Mediziner zu. Er verkehrte sehr viel mit dem Kanzler und Geheimrat Mascowsky* in Darmstadt. Von ihm lernte er die Kunst, aus den Händen und den Gesichtszügen nach richtigen Grundsätzen das künftige Schicksal eines Menschen zu lesen. Dabei erfuhr er, daß man bei einem bloß natürlichen Menschen richtig vorhersagen könne, wie er sich verhalten und wie es ihm ergehen werde; bei einem Menschen hingegen, der einen göttlichen Trieb in sich wirken läßt, könne man auf Grund natürlicher Anzeichen nichts mehr vorhersagen, weil sich das natürlich Anerschaffene unter der Wirkung des Göttlichen sehr verändere.

Dr. Kämpf wurde nachmals Hofprediger und Konsistorialrat bei einer gräflichen Herrschaft. Wenn er ärztliche Mittel verschrieb, war er immer sehr erfolgreich bei seinen Kuren, weshalb ihn der Herzog von Zweibrücken zum Leibarzt machte. Bei ihm lernte ich beinahe dreiviertel Jahr die medizinische Praxis. Jeden Morgen um acht Uhr kam eine Menge von Kranken zu ihm. Wir als seine Zuhörer mußten die Krankheiten feststellen und dann von ihm hören, wie die Rezepte demgemäß auszustellen seien. Ich war aber auch um

* Siehe Anmerkung 10

anderer Ursachen willen gern bei ihm; denn er hatte immer sehr viele Fälle aller Art in Bereitschaft und erzählte gern davon.

Er war nicht auf Grund einer Wahl, sondern durch das Los zum Haupt der Inspirierten bestimmt worden. Er war ein Separatist, aber ein solcher, der eine Gemeinde im Sinn der urchristlichen Gemeinde zu schaffen suchte. Den Lehren Zinzendorfs stand er ablehnend gegenüber, und dennoch liebte ihn der Graf, weil er die Gemeinde als eine Gemeinschaft untereinander verbundener Glieder zu leiten verstand.

Er wollte mich veranlassen, bei ihm zu bleiben und die Theologie mit der Medizin zu vertauschen; ich war aber noch unschlüssig, was ich tun sollte. Die Zweifel, die ich im Kirchendienst zu überwinden haben würde, sah ich voraus. Ich konnte sie wohl theoretisch beantworten, befürchtete aber, daß sie mir mehr zu schaffen machen würden, wenn ich einmal im Amt stünde. Seinen Gründen, durch die er mich zu einer Trennung von der lutherischen Kirche als einem Babel zu bewegen versuchte, hielt ich nicht nur mein Buch »Von der Herunterlassung Gottes« sondern auch *Bengels* Gedanken vom öffentlichen göttlichen Recht aus der Offenbarung entgegen. Was in jüngeren Jahren wegen der Inspirierten mit mir vorgegangen war, ließ mir nicht zu, mich seinen Überredungen preiszugeben. Ich stellte ihm vielmehr die Grundlagen des Bengel'schen Systems so klar vor die Augen, daß er einmal sagte: »Hören Sie auf zu reden! Sie wollen mich aus meiner ganzen Führung herausrücken.« Bengels Gründe seien sehr triftig, gestand er; aber sie stritten wider die schon gefaßte Gestalt seiner Gedanken. So ließ ich ihn gehen, und wir blieben im Frieden beieinander.

In Hessen-Homburg traf ich einen Juden, einen Karäer[73] an. Der war ein redlicher und ehrlicher Israelite; er hatte vom Messias an sich erhabene Gedanken und sagte, der Messias müsse nicht nur Wunder tun, sondern auch ein neues Herz schenken können. Da er nun ein Karäer war, anerkannte er weder Talmud noch Sohar, weder Tradition noch Kabbala, sondern wollte seine Sprache allein aus der Heiligen Schrift bilden. Er redete so rein und vernehmlich, wie ich es noch nie gehört hatte. Seine geistlichen Gespräche behielten sich von selbst, so sehr waren sie dem allgemeinen Wahrheitsgefühl gemäß. Ich zog daraus den Schluß, wie leicht die Jünger Jesu die eindringlichen Reden ihres Herrn werden behalten haben können, da ich selbst die Gespräche des Karäers so rein und leicht behalten konnte; ja sie stellten sich mir von selber ohne Besinnen dar. Aus diesem Grunde liebte ich diesen Juden sehr, und er liebte auch mich. Er versprach mir, mich, wo ich sei, einmal zu besuchen.

Rückkehr in die Heimat und Anstellung in Hirsau

Endlich aber, nachdem ich die ärztliche Praxis kennengelernt hatte, gedachte ich, wieder ins Vaterland zu reisen, weil ich unter allen auswärtigen Gemeinschaften doch keine gegründete Einigkeit hatte antreffen können. Ich fand nirgends, daß jemand seine Gewißheit auf die Grundgedanken der Apostel und Propheten baute, sondern daß jeder nur auf der Führung Gottes nach dem zu seinem Standpunkt herabgebogenen Sinn der Schrift bestand. Dies ließ ich ihnen für ihre Person durchgehen; aber mich konnte es nicht beruhigen. Ich mußte drei Säulen haben, auf welchen mein Gebäude ruhen konnte, nämlich erstens die Grundweisheit, welche ich aus der menschlichen Gesellschaft und aus der Natur vernahm, zweitens den Sinn und Geist der Heiligen Schrift und drittens die Führungen Gottes mit mir auf dieser Grundlage. Ich bin oft versucht worden, diesen Forderungen an mich selbst auszuweichen. Bald wäre ich zu viel auf die Grundweisheit der Natur verfallen, wie ich mir schon vorgenommen hatte, zu Wolff* nach Marburg zu reisen, mit dem ich dort gespro-

* Wolff war von 1723–1740 in Marburg

chen hatte – aber durch den 8. Psalm bin ich wieder abgehalten worden; bald wäre ich mit Herrn *Schulze*[74] um des Sinnes der Heiligen Schrift willen unter die Juden gegangen; bald wäre ich, um dem Predigtamt auszuweichen, der Versuchung erlegen, Professor zu werden, wozu ich wohl Mittel und Wege hätte finden können.

Ich dachte hier aber an den bemerkenswerten Zuspruch, den mir der gelehrte Herr *Wachter* in Leipzig gab. Ich war damals neugierig, unter anderen auch diesen Mann zu sprechen. Dies ist der Gelehrte, den Professor *Canz* so hoch achtete, daß er sprach, wenn er seinen Namen nur nennen höre, so ziehe er den Hut ab. Er war in der Tat auch ein grundgelehrter Mann, wie dies sein Wörterbuch* klar erkennen läßt. Er wollte ledig bleiben und nur eine unabhängige Tätigkeit übernehmen. So war er als Epigrammatiker** bei König August von Polen und später als hervorragendes Mitglied mit einem Jahresgehalt bei der Deutschen Gesellschaft tätig. So besuchte ich ihn. Sein Studierzimmer war sehr unaufgeräumt; alles lag voll Bücher, kaum hatte ein Stuhl Platz. Er fragte mich, warum ich keine Stellung in meinem Vaterland annehmen wolle. Ich antwortete: »Weil man gezwungenermaßen Dinge wider die Wahrheit tun muß.« – »O«, sprach er, »nehmen Sie sich doch ein Beispiel an mir! So wollte ich auch leben. Ich bin nun alt und kann es nicht mehr ändern; aber Sie können es. Ich sehe zudem, daß Sie guten Muts sind und ein fröhliches Herz haben. Schade, schade, wenn Sie in meine Fußstapfen treten! Ich warne Sie! Nehmen Sie doch ein ordentliches Amt an, sonst wird es Sie auch reuen wie mich.« Er sprach hernach mit mir über das System des Spinoza[75]. Er vertrat die Ansicht, man könnte ihm einen eher annehmbaren Sinn geben, als man oft meine; es sei jedoch besser, die allgemein üblichen Wege zu gehen und sich Gott

* Oetinger gebraucht den Ausdruck »Glossarium« (etwa Wörterverzeichnis mit Erklärungen).

** Dichter von Sinn- und Spottgedichten

in nützlicher Tätigkeit zur Verfügung zu stellen, als in eigensinniger Abgeschiedenheit zu beharren. Dies ging mir sehr zu Herzen und fiel mir oft ein, besonders hier.

Ich sprach zu meinem Gott: »Was soll ich tun? Ich weiß nicht, was das Beste ist; führe du mich! Ich halte die Schmach Christi für größeren Reichtum als die Schätze Ägyptens. Ich weiß, es wird mich reuen, daß ich diesen Entschluß gefaßt habe. Abt Steinmetz hat mir auch geraten, kein Einzelgänger zu bleiben. Wem soll ich folgen? Gehe ich in das Leiden einer mit Abneigung verbundenen Arbeit, so wird es mich reuen; aber, o Gott in Jesus Christus, höre dann mein Winseln und Seufzen nicht an, sondern führe mich nach deinem Rat zur Herrlichkeit!«

In dieser Fassung reiste ich nach Haus und traf in Stuttgart ein*. Weil es aber das Konsistorium wegen meiner Bücher »Von der Herunterlassung Gottes« und wegen anderer Bedenken gern gesehen hätte, wenn ich ein drittes Mal außer Landes gegangen wäre, so stellte ich mich mit dem Hinweis, daß ich allenfalls Medizin studiert hätte; wenn die Herren Vorstände mich für verdächtig hielten, so möchten sie mich selber für die Medizin bestimmen. Sie trafen jedoch keine bestimmte Entscheidung. So ging ich denn meiner Stellung gemäß als Repetent nach Tübingen und nahm endlich im Jahr 1738, weil ich mich vor einem zu umfangreichen Amt zum Anfang gefürchtet hatte, anstelle des zweiten Pfarramts in Göppingen die kleine Pfarrei Hirsau an. Ich war bereits vorher durch das Buch von der Herunterlassung Gottes in meinen Erwägungen, ob ich heiraten und ob ich ein Amt annehmen solle, etwas mehr zu einem Entschluß gebracht worden. Auf meinen Reisen hatte ich wenig Einigkeit unter den Frommen und Gelehrten gefunden und dachte endlich, daß ich auf einer kleinen Pfarrei mehr Freiheit hätte, der Wahrheit nachzuspüren, als wenn ich mich in Gesellschaft mit andern begäbe. Ich heiratete[76] daher im sechsunddreißig-

* Im Juni 1737

sten Lebensjahr und zeugte Kinder; ich nahm mir aber auch die Zeit, erst recht von Grund aus der Wahrheit nachzugehen.

Ich sah bei dem Grafen Zinzendorf, daß er aus der Heiligen Schrift ein Spruchkästlein gemacht und sie nicht nach dem buchstäblichen Zusammenhang gelesen hatte. Auch hatte er nicht darauf gedrungen, nach dem Bedürfnis der gegenwärtigen Zeit überzeugend zu reden, sondern alles nur mit der Absicht eingerichtet, leicht und geschwind bei den Seelen Eingang und Erfolg zu finden. Er glaubte daher, man müsse die Halle'sche Art [der seelsorgerlichen Arbeit] gänzlich aufgeben, die nach dem Geschmack dieser Zeit weder auf zu moderne noch zu veraltete Weise vorgehen und die eingeführten praktischen Irrtümer nicht zu schnell bestreiten, sondern mit den Vätern wie mit der heutigen Wissenschaft in einem guten Verhältnis zu bleiben suchen. Die Weisheit eines solchen Verhaltens sah Zinzendorf wohl auch ein; aber seine Eifersucht auf die Hallischen Kreise ließ ihn nicht die rechte Mäßigung finden. Er wählte daher eine der Halle'schen völlig entgegengesetzte Manier, nämlich als hochgestellte Persönlichkeit auf Grund einer neuen Verfassung gegen alle alten Kirchenverfassungen aufzutreten und sie doch alle zu vereinigen. Daher suchte er die Lehre von der Dreieinigkeit leicht zu machen. Das Gesetz verwarf er, und den inneren Zusammenhang des Schriftinhalts wollte er auch nicht, weil er der Ansicht war, daß sich auch die Apostel nicht nach diesem gerichtet hätten, wie dies die Anführung von Sprüchen aus dem Alten im Neuen Testament zeige. So stellte er zwei Artikel auf: Erstens daß wir Sünder geworden seien, zweitens daß wir das Blut Christi an uns fühlen müßten, und trug dies alles ohne Verbindung mit dem hohenpriesterlichen Amt Christi vor. Ich aber lernte so viel: Wenn es schon die Apostel nicht nötig gehabt haben, sich an den logischen Zusammenhang der Schrift zu binden, weil man damals durch die Wirkungen des Heiligen Geistes einen viel leichteren Weg zum Verständnis der Grundgedanken hatte, so haben doch wir es nötig, weil der Heilige Geist in der gegenwärtigen Zeit nicht mehr so schnell wirkt wie zur Zeit der Apostel, auch die Grundweisheit jetzt nicht mehr verborgen gehalten, sondern offenbar gemacht werden muß.

Ich entwarf also ein Büchlein nach dem Vorbild der Predigt in Jesaja*, gab es heraus und widmete es dem Grafen, als er gerade nach Hirsau kam. Er gab sich so, als wolle er seine ganze Art ändern und die Grundgedanken der Schrift seinen zweckbestimmten eigenen Gedanken vorziehen. Damit blendete er mich beinah; ich sah aber bald, daß er der alte Graf geblieben war. Daher schrieb ich gegen den Grafen und die Herrnhuter den Aufsatz »Vom Gesetz und Evangelium«**, obschon ich ihnen darin gar manches, was die Gemeinschaft am Evangelium betrifft, zugestanden habe. Hernach las ich, um die Lehre im Amt und in Gesellschaft besser vortragen zu können, die Bücher von *Hopper* über die Rechtswissenschaft und brachte ein ganzes Jahr damit zu. Ich las auch den *Hippokrates,* damit ich mich an die allerältesten und allereinfachsten Gedanken über den Menschen gewöhnen möchte, die auch Zinzendorf suchte, aber nicht tief genug. Ich machte den Herrnhutischen entgegen auch viele Lieder; allein ich geriet dabei auf etliche Nebentriebe, die meine Entwicklung hinderten, weil ich zu schnell über die Ökonomie der jetzigen Zeit hinaus am inwendigen Menschen wachsen wollte, die eine besondere Mäßigung und, im Sinne Speners, ein langsames verstandesmäßiges Beurteilen erfordert, damit man zuletzt schnell besonnen werde, weshalb auch Bengels gnomonische Arbeit ganz in dieser Art eingerichtet ist.

Auch in *Hirsau* trieb ich besonders die Sprüche Salomo. Ich verteilte die Kapitel versweise auf Zettelchen, brachte diese in kleinen Schachteln unter und ließ sie die Kinder ziehen. Kurzum, ich leitete sie auf vielfache Art und fand

* Es ist das bereits erwähnte Büchlein »Etwas Ganzes vom Evangelium« (1739)

** Oetinger hat ihn in sein Buch »Gespräch im Reich der Toten« (1761) aufgenommen.

dabei, wie notwendig die Sprüche für die jetzige Weltzeit sind, da die Grundweisheit bei dem Zustand der Gemeinde nicht mehr verborgen gehalten, sondern offenbar gemacht werden muß. Zur Zeit der Apostel war dies nicht so nötig, wiewohl ich aus dem Hirten des Hermas das Gegenteil sehe. Die Ursache war folgende: Man hatte an den frischen Erfahrungen der außerordentlichsten Wirkungen des Heiligen Geistes, die man selber machen durfte, einen leichten Weg, um aus den Grundgedanken der Ordnung heraus am Verstand vollkommen zu werden (1. Korinther 11); jetzt aber, da so viele Sekten entstanden sind, muß das Verständnis durch Logik und Metaphysik vertieft werden. Hiezu bedarf es nicht gerade des Lateinischen, dies kann auch deutsch und allgemeinverständlich geschehen; nur muß dem Heiligen Geist Raum dadurch gelassen werden. Auch *Arnd*[77] hat sich in seinem Abschnitt vom Gebet nicht geschämt, folgende Begriffe aus *Valentin Weigel*[78] zu entlehnen: Erstens daß Gott alles zuvor besser wisse, was uns nötig ist, ehe wir darum bitten, zweitens daß Gott alle Menschen zum Gebet locke, drittens daß bei Gott kein Ansehen der Person sei, sondern daß er allen mit seinen Gaben in gleicher Weise zuvorkomme, viertens daß es eine ebenso große Sünde sei, aus eigner Frömmigkeit zu beten, als um begangener Sünden willen das Gebet zu unterlassen, fünftens daß ein Anbeter Gott nicht an bestimmte Orte nachzulaufen brauche, sechstens daß man Gott nicht nur zu gewissen Zeiten anbeten dürfe und siebtens daß im Gebet des Herrn alle grundlegenden Lehren inbegriffen seien.

Ehemals in der Zeit der apostolischen Gemeindeverfassung war es nicht nötig, alle diese allgemeinen Begriffe allgemeinverständlich vorzutragen; aber jetzt ist es notwendig. Daher ist auch die Mystik endlich zu einer Scholastik* ge-

* Unter dem Begriff Scholastik faßt man die mittelalterliche Philosophie zusammen, die es sich zur Aufgabe machte, die Glaubenswahrheiten der christlichen Lehre zugleich als notwendige Vernunftwahrheiten nachzuweisen.

worden, weil man in gegenwärtiger Zeit die logischen und metaphysischen Universalwahrheiten sehr nötig hat, in denen es den Mystikern ein Leichtes ist, darin zu weit zu gehen. Diese Wahrheiten werden in der Heiligen Schrift nirgends als allein in den Sprüchen Salomos und im Hiob vorgetragen. Diese Sprüche tragen in gegenwärtiger Zeit viel zum Verständnis Jesu bei. Wer dies nicht sieht, der versteht nicht, was Paulus sagt: »Werdet vollkommen am Verständnis!« (1. Korinther 14, 20.)

Es wäre etwas Vortreffliches, wenn man auf den Universitäten die logischen und metaphysischen Wahrheiten zuerst so leichtverständlich vortrüge, wie sie jeder Bauer schon weiß. Der geheime Kunstgriff des Sokrates, mit Seelen umzugehen, beruhte ganz hierauf. Wir dagegen sind viel zu plump, des Sokrates Beflissenheit, eine Hebamme der Gedanken zu sein, einzusehen. Es ist nötig, bei den Lehren der Heiligen Schrift immer auch die Logik und die Metaphysik anzubringen; dies muß aber aus beiden zugleich geschehen: der Heiligen Schrift selbst und der Weisheit auf der Gasse.

Diese Weisheit auf der Gasse ruft uns zu, daß jeder Mensch zwei Dinge gut studieren soll, nämlich Gott und sich selbst zu erkennen.

Gott ist von sich selbst und ist keines Dinges bedürftig. Das Geschöpf ist nicht von sich selbst und allezeit Gottes bedürftig. Daher sagt David: »Du lässest aus deinen Odem, so werden sie geschaffen; du nimmst weg deinen Odem, so werden sie wieder zu Staub« (Psalm 104, 29. 30).

Ach, du ewiger Gott, du bist ein unsichtbarer und unbekannter Werkmeister, offenbarst dich aber durch dein Geschöpf, damit man daraus erkenne deine ewige Kraft und Gottheit. Ach, wie soll ich dich kennen? Ziehe mich zu dir und zu Christus, wie du allen Geschöpfen tust und sie zu dir und zu dem Heil des Geschöpfs ziehst!

An den Geschöpfen steigen wir auf zu Gott wie auf einer Leiter und lernen, daß Gott im Himmel, wir auf Erden und der Abgrund unter der Erde ist. Der Sternenhimmel ist sichtbar, der rechte Himmel ist unsichtbar. Der Himmel ist Licht, aber nicht wie Gott; denn Gott ist lauter Licht. Alles Geschaffene ist nicht ohne Finsternis. Weil nun der Abgrund am wenigsten vom Licht hat, so ist er die Wohnung der Finsternis, und der Teufel gehört in den Abgrund, weil er sein Licht verloren hat.

O Gott, Licht ist dein Kleid, das du anhast. Der Himmel und aller Himmel Himmel begreifen dich nicht; aber du begreifst sie alle. Ach führe mein Herz aus dieser finstern Welt in dein Licht, weil doch Jesus nichts so sehr im Mund geführt hat, als daß du Licht bist. Laß mich doch vor dir, das ist in deinem Lichte wandeln und nicht Werke der Finsternis tun!

Die Sterne sind am Himmel und fallen nicht herab; Gott hat sie angehängt an das Nichts oder an seine innere Kraft, die man nicht sieht (Hiob 26, 7). In diese innere Kraft, in diese unsichtbare Welt muß man sich des Tages vielmals begeben und sich in Gedanken vorstellen, man sei darin mehr als in seiner Stube oder mehr als in der bösen Welt. Durch diese innere Kraft, die wieder unzählige Kräfte hat, entstehen alle Zusammenwirkungen und Auswirkungen der Geschöpfe.

Gott ist zwar alles und, weil seine Kräfte unauflöslich sind, vollkommen gut. Die Kräfte der Kreatur aber werden durch Sünde aufgelöst und bestehen alsdann nicht in der Güte und Wahrheit der göttlichen Zusammenordnung. Die Sünde ist innerlich in dem falschen Urteil; sie ist ein falscher Trieb der Seelenkräfte, geschieht ohne Ortsveränderung und tut doch großen Schaden an Leib und Seele. Sie ist süß und leicht begangen, aber die Wiederbringung ist schwer, weil sie geistlich ist.

Solche und dergleichen allgemeine Wahrheiten, wie sie im Hiob und in den Sprüchen Salomos stehen, enthalten die Grundbegriffe und sind heutzutage wegen des oben genannten Mangels der Gemeinde höchst nötig. Graf *Zinzendorf* aber springt mit beiden Füßen hinein und sagt nur: Jesus Christus! Von dem ewigen Wort will er in seiner Verstiegenheit nichts hören, weil er keine anderen Grundgedanken als seine Gemeine gelten lassen will. Aber ohne das allgemeine Wahrheitsgefühl werden wir lauter Päpste und Herrscher der Gewissen, Tyrannen und Menschenfänger, ja sogar Hasser der Freiheit der Menschen. Dies war nun mein Studium in Hirsau.

In Hirsau hatte ich Gelegenheit, oft nach Calw zu gehen, weil es nur ein Spaziergang von etwas mehr als einer Viertelstunde war. Da traf ich in dem Schulrektor *Schill* einen seltenen Mann. Dieser ging immer mit Gott um, war sehr innerlich und merkte auf die Wirkungen des Geistes.

Dr. Weißmann, der später Professor der Theologie in Tübingen geworden ist, war vordem zweiter Pfarrer in Calw gewesen. In der Nähe ist der Teinacher Sauerbrunnen. Dahin kamen viele gelehrte Leute, so besonders auch Prälat *Oechslin*[79]. Der sollte Konsistorialrat werden; er wollte es aber nicht werden, weil *Dr. Hedinger*[80] das Konsistorium als einen Drachenstuhl* erklärt hatte. Schill stand mit diesen beiden Männern, Dr. Weißmann und Prälat Oechslin, in engster Gemeinschaft.

Weißmann las viel in den Büchern der *Jane Leade*[82], des Jakob Böhme und der philadelphischen Gesellschaft. Außerdem war damals auch ein Pfarrer *Seybold* da, der ebenfalls in den Schriften von Leade und Böhme las und auch Schill dazu verleiten wollte. Schill aber blieb auf seiner inneren Spur des Geistes und las nicht in Jakob Böhme. Er kam in seinen inneren Sinnen so weit, daß ihm die Verstorbenen, vor allem die Separatisten [die aus der Kirche ausgetreten waren], wie z. B. Schmoller**, der Stiefbruder Dr. Hedingers,

* K. Chr. E. Ehmann berichtet, daß Karl Heinrich Rieger (81) sich etwas milder ausgedrückt habe: der heilige Geist begleite ihn jedesmal bis an den Sitzungssaal; aber vor der Tür weiche er von ihm.

** Christ. Gottfr. Schmoller, der Stiefbruder von J. R. Hedinger, starb 1707.

erschienen. Dieser sagte ihm, daß er zur Strafe für seine Trennung von der Kirche nach dem Tod lange in der Sakristei habe sitzen müssen. Schill sah die Geister nicht, aber er hörte sie ganz deutlich mit ihrer ehemaligen Stimme reden. Die Separatisten bekannten ihm, daß ihr Los in jener Welt nicht das vorzüglichste sei. Es war auch ein Superintendent *Zahn* da. Der kam zu ihm und brachte ihm allerlei Nachrichten über Einzelschicksale von den Seligen im Himmel. Weil nun diese Nachrichten ausnahmslos willkürlich herausgestellte Sonderfälle betrafen, ist es kein Wunder, daß Schill den Universalgrund oder die Grundweisheit der Dinge nicht aus Jakob Böhme annehmen wollte aus Sorge, er vermische sie mit seinen besonderen Erfahrungen.

Schill liebte mich sehr. Ich wählte ihn zum Paten meiner Kinder. Er kam auch oft zu mir und erzählte mir Wunderdinge von jener Welt.

Damals kam auch Zinzendorf nach Hirsau. Schill sah es nicht gern, daß ich mit ihm verkehrte und mich mit ihm einließ, und sagte, das Wort Gottes dürfe nicht nach den Absichten des Grafen gedreht werden; man werde es in der andern Welt erfahren, wie nötig der lautere Sinn des göttlichen Wortes sei. Der Graf reiste wieder nach Tübingen ab und predigte dort öffentlich, wiewohl Dr. Weißmann es nicht gern sah.

Meine Gemeinschaft mit Schill wurde immer fortgesetzt. Er erzählte mir, daß so viele tausend Geister ihre Gesinnungen, die sie hier gehabt, in jene Welt mit sich nähmen und dort nicht so bald ablegten. Es war mir schrecklich zu hören, daß einer, der in jener Welt ankommt, so viele Gefahr laufe, in die Parteien der tausend mitgenommenen Meinungen hineingezogen zu werden. Wer den lautern Sinn des göttlichen Wortes nicht als ihm beigelegtes Gut bei sich habe, der werde auch in jener Welt leicht irre. Es sei dort eine größere Verwirrung der Meinungen als hier. Die vielerlei Parteien lockten die Ankommenden und wollten sie in ihre

Gemeinschaft ziehen. Sie seien in dem gleichen Zustand wie die törichten Jungfrauen, hätten Zuversicht und gute Hoffnung und seien doch im Grunde ungewiß. Ich dachte an den Freigeist des verstorbenen Herrn *von Muralt*[83] in seinen »Briefen über die Engländer und die Franzosen« und merkte, daß dies mit den Erzählungen des Freigeistes ziemlich übereinstimme.

Unterdessen starb Oechslin, der ehrwürdige Prälat, der ganz anders dachte als die andern und der auch öffentlich gepredigt hatte, daß man für die Toten beten solle. Schill hatte ihm oft die Gründe für die Lehre von der Wiederbringung aller Dinge vorgetragen; allein der Spruch: »Sie werden in die ewige Pein gehen, aber die Gerechten in das ewige Leben«, und noch andere kritische Einfälle hinderten ihn daran, sich von Schill etwas sagen zu lassen. So beharrte er auf seiner Meinung und auf seinem kritischen Eigensinn unter dem Vorwand, man müsse bei dem Wort Gottes bleiben. Dies ist scheinbar richtig, und auch die Auslegungsregel hat guten Grund, daß man nämlich demselben Wort in ein und demselben Spruch nicht zweierlei Sinn geben dürfe. Diese Regel widerspricht aber einer höheren Regel, daß man niemals einen Sinn annehmen soll, der den deutlichen Erklärungen entgegensteht und wider das Wesen der Sache ist. Ewige Pein kann der Natur der Sache nach nicht ebenso lang sein wie das ewige Leben, und 1. Korinther 15 und Epheser 1 streiten offenbar gegen die Unendlichkeit der Strafen.

Oechslin verharrte also auf seinem kritischen Eigensinn unter dem Vorwand, daß man bei dem Wort Gottes bleiben müsse. Er starb. Nicht lange nach seinem Tod kam Oechslin zu Schill. Schill wollte eben zur Stubentür hinausgehen, die er mir hernach mit dem Finger gezeigt hat. Da hörte er Oechslins Stimme: »Halt still, Bruder!« Er blieb also unter der Stubentür stehen, und die Unterhaltung währte lang. Oechslin erzählte, daß er nach dem Tod in eine Finsternis gekommen sei, in der er nicht wußte, wie ihm war. Angst und Bangigkeit überfiel ihn, weil ihm seine Überzeugung von der Ewigkeit dieser Strafe nachfolgte. Er machte Schill sehr harte Vorwürfe, daß er ihn nicht mit äußerstem Nachdruck von seiner Meinung abgebracht habe. Schill antwortete ihm, daß er ihn ja oft widerlegt habe; aber Oechslin sagte, daß er ihn hätte rütteln und schütteln sollen und nicht nachgeben, bis er vom Gegenteil überzeugt worden wäre. Er sei eine geraume Zeit in dieser Verzweiflung dagesessen, aber endlich habe Gott sein Gebet erhört und ihm Licht zuteil werden lassen, so daß er seinen Irrtum erkannt und gesagt habe: O ihr Theologen, wie seid ihr so blind in dem engen Bezirk eurer Behauptungen!

Man kann hieraus schließen, wie es dem *Lukas Osiander*[84] ergangen sein muß, der aus vorgefaßten Gründen ein Buch gegen Arnd geschrieben und ihn der Weigel'schen, Tauler'schen und Ruysbroek'schen Ketzerei beschuldigt hat. Auch kann man daraus schließen, wie es dem Dekan *Burk* zumute gewesen sein muß, da er voll kritischer Gewißheit über den Buchstaben der Schrift als ein treuer und höchst gottesfürchtiger Arbeiter in die Ewigkeit gegangen ist, worüber hier ein Brief mitgeteilt[85] wird. Wenn ich die Nachrichten von Schill nicht damals schon fast sechs Jahre lang gehört hätte, so würde ich Swedenborgs[86] Gesichte und Stimmen nicht schnell angenommen haben. Ich habe sie aber nur geprüft und wegen seiner irrigen Sätze nicht auch das verworfen, was mit *Schills* Erzählungen übereinkam. Es ist wahr, man ist nicht auf die Erzählungen der Toten angewiesen; aber man muß auch nicht verwerfen, was Glaubwürdige aus treuem Herzen mitteilen.

Niemand hat so gründlich über die Endlichkeit der Höllenstrafen geschrieben wie *Petitpierre*[87] in seinem Buch, das 1761 ohne Ortsangabe unter dem Titel »Meine Betrachtungen« veröffentlicht wurde. Es ist ihm die Verteidigungsschrift von Petitpierre, Pastor an der Kirche in La Chaux de fonds, vom 4. Juni 1760 beigedruckt. Gott deckt den eigensinnigen

Gelehrten mit gründlichen, unumstößlichen Beweisen vieles auf; aber sie beharren auf ihren Lieblingsmeinungen und hassen nicht ihre Seele, die lauter Irrtümer hegt. Es wäre gut für sie, Ruysbroek zu lesen. Und doch weiß der Herr, wie und wem er seine Standesirrtümer zugute halten soll. Darüber will ich nicht richten; denn viele kommen in diesem Leben aus den Standesirrtümern nicht heraus. Gott hat seine Ursachen dafür.

Ich blieb sechs Jahre in Hirsau. Im ersten Jahr meiner dortigen Amtstätigkeit kam Herr *Korte*[88] zu mir und machte mir Vorwürfe, daß ich nicht mit ihm gereist war. Er erzählte mir alles und blieb so lange, bis er seine Reise beschrieben hatte. Dann ging er nach Altona. Weil aber Herr Propst *Bengel* in Herbrechtingen war, suchte ich eine Anstellung in seiner Nähe und nahm den Pfarrdienst in Schnaitheim bei Heidenheim an. Von da aus besuchte ich den Mann Gottes Bengel oft, und er kam auch zu mir.

In Schnaitheim und Walddorf

In Schnaitheim arbeitete ich verschiedene Büchlein aus, besonders den »Historisch-katechetischen Vorrat«*, und kam in meiner Theologie endlich so weit zustande, daß ich, was ich glaubte, ohne Zweifel glaubte.

Von Schnaitheim reiste ich nach Ulm, um mich dort einer großen Operation an einem Wasserbruch zu unterziehen, die mich wegen des großen Blutverlusts beinah das Leben gekostet hätte. Gott erhielt mir aber meinen Odem, und ich danke ihm für die vielen Demütigungen, durch die er mich vieles gelehrt hat. Diese Operation wollte ich eigentlich in Stuttgart vornehmen lassen und suchte daher eine Verwendung in dessen Nähe. Obwohl ich nun die Operation in Ulm

* Historisch-moralischer Vorrat von katechetischen Unterweisungen (1762)

schon hinter mir hatte, nahm ich dennoch das Pfarramt in Walddorf an.

Nachdem ich also in der Theologie keinen Zweifel mehr hatte, fand ich mich dort getrieben, um der emblematischen [sinnbildlichen] Theologie willen mich mit der praktischen Chemie abzugeben. Zuvor hatte ich alle alchimistischen Schriftsteller von *Hermes* bis *Sendivogius* (Philaletha)[89] gekauft. Ich las sie Jahr und Tag, ohne daß ich einen begründeten Zusammenhang gefunden hätte. Endlich aber fand ich, nachdem mir Gott die zwei Hauptsubjekte gezeigt hatte, die Grundlagen, um sowohl den »feuchten Weg« als auch den »trocknen Weg« zu verstehen. Dies geschah, damit ich hernach auf sichere Weise Versuche anstellen konnte.

Die Philosophie der »Eingeweihten*« trägt ungemein viel bei zum Verständnis der Naturlehre der Heiligen Schrift und diese wiederum zur Erkenntnis der Heiligen Schrift selbst. Daher habe ich alle Geduld gebraucht, die dazu erforderlich ist. Fabers Buch »Darstellung des ganzen Weltalls« ist von großer Wichtigkeit, um den Spruch aus Offenbarung 14, 7 zu erklären. Gott aber, der schon zu *Johann Arnds* Zeiten die Tür zur wahren Naturlehre hat aufgehen lassen, wird, dem widersinnigen Naturalismus der Idealisten entgegen, diesen Spruch durch seine Werkzeuge weiter erklären.

Die Absicht, Gold zu machen, führt dahin, daß man die wahre Naturlehre nach diesem Spruch niemals findet. Es gibt auch viele »Eingeweihte«, die sich mit der Kenntnis der Apothekerwissenschaft begnügen und nicht weiter vordringen. Diese nützen nur sich selbst. Ich aber habe in der Chemie die emblematische [sinnbildliche] Theologie zum Grund und überlasse den Ausgang Gott. Wer in meinen Führungen alles zusammenfaßt, wird finden, daß ich mit göttlicher Berufung darin arbeite, ohne daß ich meinem Amt dadurch Abbruch tue; denn wer es richtig angreift, hat keine großen Unkosten. Die Adepten zu verstehen, macht mehr Mühe, als man meint.

* Einer, der in die Geheimnisse der Alchimie eingedrungen ist (Adept)

Es ist nicht so schwer, an der Sache zu arbeiten, wenn man sein eigener Herr ist; aber schwer und fast unmöglich ist es, wenn man ein Amt hat. Trotzdem stelle ich dann und wann in der heiligen Philosophie und Naturlehre Versuche an, wenn für mich Zeiten der Ruhe kommen.

Die Verse Johann Arnds zeigen, daß er die Kunstgriffe besser als Jakob Böhme verstanden hat. Es ist aber unmöglich, die Arbeitsvorgänge durch Zentralerkenntnis zu erlernen. Lullius besaß die Zentralerkenntnis; aber ohne Lehrmeister verstand er die Kunst nicht auszuüben. Arnd aber ist es durch das Testament eines »Eingeweihten« gezeigt worden. Seine Verse lauten folgendermaßen:

Den lebendigen Körper[90](a) lösen wir auf in apollinischem Feuer, / damit Geist werde, was vorher Stein war. / Und aus dessen tiefstem Innern gewinnen wir das Gold, / das die kranken Erze reinigt vom Schmutz der Mutter. / Nachdem wir die Gebeine [das Innerste] von dem zur Geburt gehörigen Samen(b) getrennt haben, / waschen wir dies Blutsverwandte alsdann im Wasser. / Aus jenem entsteht ein Vogel(c), geschmückt mit bunten Farben(d), / und nachdem er glänzend weiß geworden ist, fliegt er zum Himmel empor. / Wir trennen dann ab in neuem Feuer die Flügel jenes (Vogels), / die mit Milch(e) gefärbt sind und besprengen sie mit seiner Milch. / Und was übrig ist, nähren wir mit Blut, / bis der herangewachsene Vogel die Wildheit des Feuers erträgt. / Entsprechend sagt der »dreimal große Hermes«(f), daß der Vogel / der Weisheit gebrannt werde, und in der ganzen Welt hat er keinen Vater.

Wer weiß, was »lebendiger Körper« und »apollinisches Feuer« bedeutet, der versteht die Hauptsache.

Man hat mir aus einem unbekannten Ort den nachstehenden Brief geschrieben. Der Schreiber*, der sich nicht genannt hat, verfaßt Schauspiele. Da er nun ganz darein verrannt ist,

* Nach einer Notiz von J. Fr. Oetinger, dem Sohn Oetingers, soll ihn der dänische Dichter Ludwig Holberg (1684–1754) geschrieben haben.

die Alchimie als ein lächerliches Unding und als eine vergebliche Bemühung in übertriebener Weise herabzusetzen, kann sein Schreiben nicht wundernehmen. Der Brief lautet folgendermaßen:

»Mein Herr!

Unter den vielen Dingen, nach denen die Menschen mit großem Eifer trachten und die doch keinen Nutzen mit sich bringen, ist auch die Erfindung des Steines der Weisen oder des Goldmachens.

Gesetzt, man entdeckte einmal diese Kunst, was würde man anders dadurch erreichen, als daß das Gold seinen Preis verlieren würde. Denn weil der Wert, den man dem Gold beilegt, willkürlich ist und sich allein darauf gründet, daß dieses Metall so selten angetroffen wird, so kann es nicht anders sein, als daß sein Preis fallen muß, sobald man es in großer Menge und allenthalben haben kann. Wenn alle Kupferminen in Goldminen und die Goldminen wieder in Kupferminen verwandelt werden könnten, so würde man durch eine solche Verwandlung nichts anderes erreichen, als daß man in solchem Fall ein Pfund Kupfer für hundert Pfund gewöhnliches Gold eintauschen würde. Und so ist es mit allen Dingen beschaffen, deren Wert sich allein auf die Seltenheit und nicht auf den innerlichen natürlichen Wert gründet. Eisen und Stahl ist von einem weit größeren Nutzen; daher schätzten sie die Amerikaner weit höher als Gold, weil sie sahen, daß man daraus geschickte Werkzeuge und allerlei Waffen verfertigen kann. Man stelle sich vor, daß einer die Kunst erfände, echte Perlen zu säen und zwar so, daß aus einer Perle wie aus einem Saatkorn hundert andere hervorsproßten: was würde daraus anderes entstehen, als daß die Perlen mit der Zeit ihren Wert verlieren würden und daß man endlich eine echte Perle für eine Bohne eintauschen könnte? Ja, man würde die echten Perlen scheffelweise wie jetzt die Erbsen, und zwar um einen noch geringeren Preis, kaufen können, weil man doch durch die Erbsen noch den Hunger stillen kann. Wenn also ein Alchimist die Kunst wirklich erfunden hätte, so könnte er sich doch keines anderen Vorzugs rühmen, als daß er eine Erfindung zuwege gebracht hätte, die zwar sehr schön, im übrigen aber doch von keinem größeren Nutzen wäre, als wenn man graue Steine in weiße verwandeln und denen eine gelbe Farbe geben würde, die vorher grau gewesen sind.

Es gibt gewisse Dinge, die allezeit ihren natürlichen Nutzen haben. Der Stein schneidet, das Holz brennt und wärmt, gewisse Pflanzen heilen, und das Wasser löscht. Man wäre daher dem viel Dank schuldig, der Blei in Stahl, einen Dornbusch in einen fruchtbaren Baum und die salzige See in frisches Wasser verwandeln könnte. Der Wert anderer Dinge aber beruht nur auf ihrer Seltenheit und auf der Übereinkunft, welche die Menschen untereinander getroffen haben, wieviel sie gelten sollen. Gewisse Karten sind beim Kartenspiel von großer Wichtigkeit, und diese gründet sich allein auf dem Willen derer, die da spielen. Sobald sie aber miteinander übereinkämen, daß sie andere Blätter statt der seitherigen nehmen wollten, dann gälten die vorigen nichts mehr. Und auf eben diese Art ist es auch mit der Verwandlung gewisser Metalle beschaffen. Sobald sie häufig und allgemein werden, verlieren sie ihren Wert, und gleichzeitig wird auch die Übereinkunft aufgehoben, die man vorher ihres Preises wegen getroffen hat.

Es ist also die Arbeit, über der sich so viele angesehene Männer den Kopf zerbrechen und an die so viele fast ihr ganzes Vermögen gewandt haben, an sich selbst nicht nur von größter Nutzlosigkeit, sondern die Erfindung würde auch, wenn sie gelingen sollte, dem menschlichen Geschlecht höchst schädlich sein, weil durch sie ein solches Unglück und eine solche Verwirrung unter den Menschen entstünde, die nicht zu beschreiben ist. Viele würden dadurch in einem Augenblick um ihren Wohlstand gebracht werden, wenn das

Gold, das sie entweder durch ihren Schweiß und ihre Arbeit erworben oder gegen andere teure Waren eingetauscht haben, in ihren Händen zunichte werden sollte. Man müßte sich in einem solchen Fall mit Umtauschen der Waren behelfen oder auch ein anderes Mittel ausfindig machen, um die Sachen abzuschätzen, was beides unsägliche Schwierigkeiten im Gefolge haben würde. Man kann sich indessen damit trösten, daß diese Erfindung schwerlich jemals zustande kommen wird. Die meisten Geschichten, die man über den Stein der Weisen erzählt, sind entweder erdichtet, oder es ist bei der Probe eine Betrügerei vor sich gegangen, wie ich in dem Schauspiel von dem arabischen Pulver gezeigt habe. Wo aber die Sache wirklich jemals vorhanden gewesen ist, da hat sie so viel Unkosten verursacht, daß die Mühe sich nicht bezahlt machte und das daran verwendete Geld nicht wieder herauszubringen gewesen ist. Die meisten, die sich für Goldmacher ausgegeben haben, sind arm gestorben. Als ein Alchimist dem Papst Leo X. einmal ein Buch widmete, in dem er angab, daß er die Kunst des Goldmachens entdeckt habe, in der Hoffnung, eine Belohnung zu empfangen, sandte ihm der Papst nur einen leeren Beutel. Er ließ ihm dazu sagen, da er die Kunst des Goldmachens verstehe, so wäre ihm nichts weiter nötig als ein leerer Beutel, um es darin aufzuheben.

Ich bin ...«

Hierauf ist weiter nichts zu antworten, als daß dieser Herr die Schriftsteller* nicht kennt. Den Augurellus, der in so schönen lateinischen Versen an den Papst geschrieben hat, hat er nicht gelesen und vermutlich auch seinen Namen nicht gekannt. Wiewohl nun unbekannt ist, ob Augurellus selber gearbeitet hat oder nicht, so wird er doch von *Irenäus Philaletha* als ein trefflicher, alles zusammenfassender Schriftsteller gelobt und empfohlen. Das ist genug. Übrigens sind

* Die alchimistischen Autoren

die Beweisgründe *Holbergs* für ein Schauspiel geeignet. Man kann Unwissende leicht zum Lachen bewegen; aber Verständige kehren sich nicht daran. Sie handeln nach richtigen Gründen.

Andere Unwissende meinen, man sei auf ganz gewöhnliche Weise von dieser dämonischen Spiegelfechterei bezaubert. Diesen antworte ich folgendes: Ein Weiser zürnt nicht leicht. Als die Pharisäer Jesus geschmäht hatten, er habe den Teufel, sprach er: »Ich habe keinen Teufel«. Das ist genug. Ihre Knechtschaft der Sünde, des Zorns und der Lust wird Anlaß werden, daß sie der heilige Geist straft. Leute, die gar nicht merken, daß sie der heilige Geist ohne innere, nach und nach ineinander gehende Weisheitsübungen nicht weiterbringen kann, muß man unter Mitleiden Gott befehlen, bis sie nüchtern werden und das nicht mehr lästern, wovon sie nichts wissen. Es ist Unbesonnenheit, über eine Sache zu urteilen, ehe man sie versteht.

In Walddorf habe ich die »Untersuchung über das allgemeine Wahrheitsgefühl« in lateinischer Sprache geschrieben*. Darin sind die Grundbegriffe der Schrift beisammen, und der Zweck des Buches steckt in den letzten Worten: »Erstens suche wie Sokrates das Nützlichste und Einfältigste aus der Gelehrsamkeit der gegenwärtigen Zeit heraus, zweitens schaffe, daß du dir aus der Natur- und Sittenlehre zu eigen machst, was am nächsten an die Ausdrücke der Heiligen Schrift heranreicht, damit deine Worte, die du aus dem Grund schöpfst, selbst eine Ähnlichkeit mit dem Stil der Heiligen Schrift haben. Das Zeugnis Jesu ist der Geist der Weissagung; nach dieser Ähnlichkeit lerne fühlen, denken, reden, lehren und leben. Das Übrige spare auf die Auswicklung in jener Welt; denn die Zeit ist eine eingewickelte Ewigkeit, und die Ewigkeit eine ausgewickelte Zeit. Hier suche das rechte Maß zu treffen, dann bist du weise.«

Ich habe in Walddorf ferner geschrieben »Die Wahrheit

* Inquisitio in sensum communem, 1753

des sensus communis [des allgemeinen Wahrheitsgefühls] in den Sprüchen und Prediger Salomo«. Es ist auch die Übersetzung eines Buches von *Graf von Shaftesbury*[91] aus dem Englischen dabei, damit man sehe, wie dieser naturalistische [allein auf die Natur ausgerichtete] Graf vom sensus communis gedacht hat.

Ich kann allerhand Strahlen der Wahrheit auch bei denen, die sich allein an die Natur halten, erkennen. Ich bin nicht so engherzig, daß ich sogleich alles verwerfe, gegen das ich viel einzuwenden hätte. Ich denke an Jesu Rede, die mich tausendmal geheißen hat, mein Urteil auszusetzen: Wehret ihm nicht! Wer nicht wider euch ist, der ist für euch. Aus deinen Worten wirst du gerichtet und gerechtfertigt werden.

Neben meinen naturkundlichen Arbeiten habe ich auf Befehl meines Konsistorialpräsidenten, des *Barons von Zech*, auch eine lateinische Theologie geschrieben, welche die Newton'sche Philosophie voraussetzt wie *Canz* die Leibniz'sche. Diese »Theologie, aus der Idee des Lebens abgeleitet« liegt noch im Manuskript vor* ebenso auch die »Erklärte Epistel an die Römer und Hebräer«. Einen kurzen Auszug aus der »Theologie« habe ich dem Druck übergeben unter dem Titel »Sylloge [Zusammenfassung] der aus der Idee des Lebens abgeleiteten Theologie«**. Diese Zusammenfassung ist eine verbesserte Darlegung der Sätze, die ich dreißig Jahre zuvor ohne die genügende Reife in dem Buch »Evangelische Ordnung der Wiedergeburt« niedergeschrieben habe. Professor Canz fing einen Streit mit mir an. Ich habe ihm in der »Untersuchung über den allgemeinen Wahrheitssinn« und in der »Sylloge« im letzten Abschnitt geantwortet.

Hier muß ich noch etwas einrücken, ehe ich von Walddorf Abschied nehme. Ich hatte in der Gemeinde viel Erbauung, und viele Studenten aus Tübingen kamen zu mir. Es kam

* Oetinger schrieb die Selbstbiographie 1762 oder 1764. Die »Theologie ...« erschien 1765 im Druck.

** Sie wurde 1753 veröffentlicht

auch Herr *Graf von Castell*[92] zu mir und bat mich, ihm einen Studenten zu vermitteln, der in der Mathematik stark und in der Astronomie geübt wäre. Ich ließ einen Magister namens *Fricker*[93] von Tübingen kommen. Dieser war dem Grafen überaus angenehm, und er nahm ihn mit zu dem Künstler *Neßtfell** in Wiesentheid in Franken, damit er dessen Himmelsmaschine vollenden helfe. Neßtfell war ein Schreiner, der Tag und Nacht mit Fernrohren und Teleskopen den Himmel beobachtete. Er lernte die Himmelsbewegungen ohne Lehrer verstehen. Das kam vor den römischen Kaiser**. Dieser forderte ihn vor sich, und Neßtfell versprach, eine Maschine anzufertigen, die heute noch in Wien und Würzburg zu sehen ist. Fricker war des Rechnens kundiger als Neßtfell. Er mußte die halbe Maschine umbauen und nach Bengels Zukunftsberechnung einrichten. Das geschah. Fricker mußte dann nach Wien reisen und wartete dort, bis es dem Kaiser geschickt wäre; aber die Zeit wurde ihm zu lang. Als er abgereist war, wollte ihn der Kaiser zu sich rufen und war sehr unwillig, daß man Fricker hatte fortreisen lassen. Er hätte ihn sicherlich in seine Dienste genommen. Fricker übernahm hernach eine Stellung als Hofmeister bei *Cornelius van der Vliet.* Dort war auch eine Jungfer *Völklin;* diese gab Fricker das gleiche Gehalt wie Cornelius van der Vliet. Dafür mußte er sie in meinen Schriften unterrichten und alle Tage darüber Stunden halten. Endlich kam er zurück und wurde Pfarrer in Dettingen bei Urach, starb aber frühzeitig. Dieser übertraf mich, seinen Lehrmeister, weit, besonders in der Mathematik und in der Naturlehre. Er erfand eine neue Theorie der Musik***; sie ist aber so tief, daß wenige sie verstehen. Seine Theorie ist in meinem Buch vom allgemeinen

* Über Neßtfell und Fricker siehe Roessle: Von Bengel bis Blumhardt, 1960, Seite 156.

** Kaiser Franz I. (1745 – 1765), »Kaiser des heiligen römischen Reiches deutscher Nation«.

*** Mathematischer, aus der Natur der Musik und der Zahlen hergenommener Beweis für die Göttlichkeit der Offenbarung Jesu Christi, 1751.

Wahrheitsgefühl und noch ausführlicher in anderen meiner Bücher zu finden.

Hier muß ich eine Geschichte erzählen: Ein Mann, der die Kunst verstand, Rechenmaschinen zu verfertigen, namens *Crevoisier* aus Montpellier, derzeit in Rouen, kam zu mir, um mit mir über die Wissenschaften zu reden. Dieser erzählte mir zu Walddorf im Jahr 1750 seine Erlebnisse. Er sagte mir, seine Eltern seien Wirtsleute gewesen. Er habe damals als junger Mensch den Tumult im Haus nicht ausstehen können, und weil er in den Büchern der Altväter von Einsiedlern in früheren Zeiten gelesen habe, habe ihn dies veranlaßt, in die Wüste zu gehen und Gott in der Stille zu suchen. Er sei, nachdem er hohe Berge überstiegen hatte, in ein Gebirge gekommen und endlich in eine Ebene geraten. Da sei ihm ein alter, ehrwürdiger Greis entgegengekommen, der trotz seiner gealterten Erscheinung im Gesicht sehr jung ausgesehen habe, und habe zu ihm gesagt: Welche Frechheit hat Euch hierher geführt? Darauf habe er sein Verlangen nach dem Einsiedlerleben vorgeschützt. Der Alte habe ihm darauf Belehrungen erteilt, wie er sich anschicken müsse, um ein wahrer Einsiedler zu werden und von der Welt abgesondert zu leben. Er habe dies mit größter Ehrerbietung angenommen. Hierauf habe ihn der Alte mit sich genommen, bis sie in eine sehr angenehme Grotte gekommen seien, in deren Mitte ein Springbrunnen stand, an dem mit schimmernden Buchstaben zu lesen war: Lebendiges Wasser aus den drei Reichen der Natur. Von diesem Wasser habe der Alte ein Glas voll genommen und ein Metall hineingetan, das wie Milch darin zergangen sei. Davon habe er trinken müssen. Nach dem Trunk sei er im Verstand sehr aufgeklärt worden, und der Alte habe gesagt, nun könne er es vierzig Tage ungegessen und ungetrunken aushalten. Das habe ihm gefallen, und er sei zufrieden gewesen. Hierauf habe ihm der Alte zehn Tage lang das erste Kapitel des ersten Buchs Mose ausgelegt, zehn Tage das erste Kapitel Hesekiels, zehn Tage die

Moral im Gegensatz zu den Torheiten der Welt an allen Fürstenhöfen, die er intuitiv gesehen habe, und zehn Tage die wahre Theologie Gottes in Jesus Christus.

Ich enthielt mich meines Urteils, nahm die Geschichte als den Traum eines Wachenden hin und dachte: Es ist mit allem dem eine schöne Fabel; ich gebe es für nichts weiter aus.

Ich habe eben von keinem Alten gelernt, sondern aus der Heiligen Schrift. Aus eben diesem Grunde schreibe ich Bücher, gebe es aber für nichts anderes aus als für Gründe, die mit der gesunden Vernunft wohl geprüft werden können selbst von einfachen Leuten. Wer es nicht annehmen will, hat die Wahl. Ich weiß, daß gegenwärtig eine Zeit ist, da man sich nicht darum kümmern darf, wenn man uns für Narren und für Unsinnige hält; haben doch Jesu eigene Verwandten ihn für unsinnig gehalten.

In Weinsberg und Herrenberg

Von Walddorf bin ich im Jahr 1752 als Dekan nach Weinsberg berufen worden. Da wurde ich durch viele aus der Hölle stammenden Lügen sehr geprüft[94]. Ich schrieb dort auch meine Reden über die Evangelien und Episteln nebst dem biblischen Wörterbuch.

Die Lästerungen Hymenäi* des Zinkenisten [Stadtpfeifers] und Alexandri* des Schulmeisters trieben mich weg. Ich wurde nach Herrenberg versetzt. Da bin ich nun drei Jahre ungestört und habe in dieser Zeit die drei Teile der »Güldenen Zeit«** wie auch »Die Philosophie der Alten, wiederkommend in der Güldenen Zeit«*** geschrieben. Sonst bringe ich die Zeit mit der Erziehung meiner vier Kinder zu, nach-

* 1. Timotheus 1, 20; 2. Timotheus 2, 17; 4, 14

** 1759 – 1761

*** 1762

dem mir deren sechs gestorben sind. Meinen Sohn Halophilus Irenäus unterrichte ich nun in der Medizin und Chemie und den kleinen Johann Friedrich in der lateinischen Sprache. Eine Tochter Benigna ist verheiratet; sie starb aber hernach an der Geburt eines Kindes. Die andere ist noch bei mir. Ich lehre das Volk ganz ruhig, ohne äußeres Aufsehen.

Die Unterredung im Reich der Toten zwischen Demokritus und Zinzendorf habe ich auch in Herrenberg geschrieben*, um da recht klar zu machen, warum der Graf Zinzendorf die Lehre vom Priestertum durch seine familiäre Bräutigamsliebe zum Herrn aus den Augen gesetzt hat. Das erkennen wenige; aber ohne Einsicht in die Zusammenhänge kann man die Bewegungen dieser Gemeinde nicht beurteilen.

In meiner »Güldenen Zeit«[95] habe ich geltend gemacht, daß sich alle Universitäten bemühen sollten, ihre Begriffe zu läutern und dem besten Muster der Denkart zuzustreben. Ich weiß, daß es nicht geschehen wird. Ich bin kein Professor, wiewohl ich schon vom Jahr 1732 an es hätte werden können, als der Direktor *von Pfeil*** noch regierte und der hochwürdige Propst *Weißensee* ihm zur Hand war. Allein ich bin ein Philosoph, zuerst mir selbst, damit ich alle unechten Ansichten außer der Wahrheit mit Füßen trete, dann aber auch für andere, damit ich die Wahrheit ungescheut sage, die ich auf der Universität nicht so gut vortragen könnte.

Nachdem ich in der »Güldenen Zeit« einige Vorschläge beigebracht hatte, wie die Theologie, die Rechtswissenschaft und die Medizin nach diesem Muster verbessert werden könnten, obwohl ich gut wußte, daß man in der güldenen Zeit keine Juristen mehr nötig haben wird, schrieb ich jenem Gedanken folgend ein Büchlein »Grundweisheit zur Rechtsgelehrsamkeit« und widmete es meinem Bruder, dem Generalproviantdirektor, um ihn nicht nur an den ehemaligen Unterricht zu erinnern, sondern auch seinem in Tübingen

* 1761

** Ein Onkel des Liederdichters Chr. Karl Ludwig von Pfeil.

studierenden Sohn die beste Weise des Studiums der Rechtswissenschaft darzulegen. Da niemand so gründlich über die Rechtswissenschaft geschrieben hat wie Hopper, der Staatsminister Philipps II., des Sohnes Karls V., so stellte ich aus dessen vier ersten Büchern vom »Allgemeinen Recht« einen Auszug her. Die Professoren in Tübingen wurden böse auf mich, daß ich mich in die Rechtswissenschaft mische; allein es hat keine Gefahr. Wer die Grundweisheit, das ist die Philosophie, sich selbst zunutz treibt, soll die allgemeinen Grundsätze aller drei Fakultäten innehaben. Aus diesem Grund habe ich, nicht als Rechtsgelehrter, sondern als Philosoph, die Grundweisheit zur Rechtsgelehrsamkeit geschrieben. Man weiß wohl, was für Scherze sich der Herr Kanzleiadvokat Gerstlacher von einem Professor hat aufbinden lassen, dem er in seiner »Juristenbibliothek« so tiefe Komplimente gemacht hat; aber diese satirische Bosheit werden andere, nicht ich, aufzudecken wissen. Redliche und lautere Absichten weiß Gott durch seine Werkzeuge zu rechtfertigen.

Ebenfalls als Philosoph habe ich auch die allgemeinen Grundsätze der Medizin in einem Buch unter dem Titel »Die Philosophie der Alten, wiederkehrend in der güldenen Zeit« niedergelegt. In gleicher Weise schreibe ich jetzt auch »Die Theologie der Alten, wiederkehrend in der güldenen Zeit.«

Unter allen diesen Beschäftigungen schlage ich Fénelons geistreiche Schriften auf. Da lese ich folgendes: »Diejenigen Personen, die Ehrenämter besitzen, haben so viele unumgänglich nötige Pflichten wahrzunehmen, daß ihnen kaum viel Zeit übrigbleibt, um mit Gott zu sein, wenn sie anders die Stunden dazu nicht sorgfältigst festsetzen. So wenig man auch geneigt ist, sich müßige Stunden zu machen, so findet man doch jene Stunden, die man nicht dem Dienst Gottes und des Nächsten gewidmet hat, nicht wieder. Demnach muß man hierin fest an seiner Ordnung halten. Ihre strenge Beachtung kann scheinbar zu weit gehen; allein ohne sie kommt alles in Verwirrung. Man ist zerstreut, man gibt nach, man verliert die Kräfte, man entfernt sich unmerklich von Gott, man überläßt sich wieder seinen Neigungen, und man spürt nicht eher die Abweichung, in die man verfällt, als bis man ihr schon so weit verfallen ist, daß man keine Hoffnung mehr hat, wieder zurecht zu kommen. Laßt uns beten! Laßt uns beten! Das Gebet ist unser einziges Heil. Der Herr sei gelobt, der mein Gebet erhört und seine Barmherzigkeit nicht von mir gewandt hat! Wer recht beten will, der muß auch sorgfältig sein, alle Geschäfte des Tages ordentlich einzurichten, und das mit solcher Beständigkeit, daß sie durch nichts gestört werden.« Bis hierher Fénelon.

Ich habe es oft erfahren, daß ich, wenn ich im innerlichen Streit durch Beten, Suchen und Anklopfen meine Verwirrung in die Ordnung und meine Unruhe in die Ruhe gebracht habe, es dann dabei habe bewenden lassen und mich damit begnügt habe, es Gott unter den stündlichen Arbeiten vorzutragen. Allein ich habe gefunden, daß das Hinzunahen zu dem Gnadenthron, wenn ich auch nichts Besonderes vorzutragen wußte und wenn ich auch nicht wußte, wie ich beten sollte, eine herrliche Sache sei. Ich habe gefunden, daß Gott auch unser kindisches Gebet in Gnaden ansehe, ja, daß er uns dann Gedanken eingebe, die alle Regeln überschreiten nach dem Spruch: »Er kann überschwenglich tun über alles, das wir bitten und verstehen«. Die Weisheit auf der Gasse, der Geist der Schrift und die göttlichen Schickungen sind Werkzeuge; aber Gott ist's, der in Jesus und durch Jesus manchmal über dies alles hinaus wirkt. Darum will ich mich niemals auf die erworbene Gnade verlassen, sondern als ein Bettler vor ihn kommen, der nichts hat und nichts kann. Alsdann findet meine Seele Ruhe, und der Geist Jesu gibt den Gnadenkräften eine neue Form. Dies beruhigt das Herz und vermehrt die Gnade und den Frieden.

In der Ausgabe der Oetinger'schen Selbstbiographie, die 1818 erschien, und in der Ausgabe, die *Immanuel Kolb* im Jahr 1849 besorgte, wird kurz bemerkt, daß sie an dieser Stelle abschließt. Die folgenden Mitteilungen werden als »Späterer Zusatz« bezeichnet. *Julius Hamberger* fügte seiner Ausgabe von 1845 hinzu: »Bis hierher reicht die von Oetinger in seinem sechzigsten Lebensjahr verfaßte Selbstbiographie. Das zunächst Folgende mußte aus sehr verworrenen, dem größten Teil nach wegen ihres geringen Gehaltes gar nicht mitteilbaren in späteren Zeiten noch von ihm aufgezeichneten Notizen zusammengesucht und aneinander gereiht werden.« *Ehmann* berichtet in seinem Werk »Friedrich Christoph Oetingers Leben und Briefe«, 1859, über die letzten Eintragungen, die Oetinger in dem Manuskript seiner Lebensbeschreibung vorgenommen hat: »Man kann sich beim Anblick der letzten Einträge in seiner Selbstbiographie, die sich zuletzt in ein regelloses Notizenbuch verläuft, eines tiefen wehmütigen Eindrucks nicht erwehren. Die Gedanken schweben wie Traumbilder an ihm vorüber, die er nicht festhalten und in einen Rahmen bringen kann; er setzt Worte hin und durchstreicht sie, um andere zu setzen und wieder zu streichen, weil er das Mittelglied nicht mehr finden, sie nicht mehr miteinander verbinden kann wie ein Kind, das nur einzelne Worte zu stammeln vermag.« Ehmann bringt noch einige beachtenswerte Auszüge aus dem Manuskript, die Kolb in dem »Späteren Zusatz« nicht aufgenommen hat. Wir haben sie der vorliegenden Ausgabe der Selbstbiographie beigefügt.

Als ich nun in Herrenberg[96] bis 1762 in mehr Ruhe als in Weinsberg gelebt hatte, verfiel ich in eine gefährliche Krankheit. Die Krankheit stand sehr bedenklich. Ich war zu einer brüderlichen Zusammenkunft eingeladen worden, an der Kanzler *Reuß,* Stiftsprediger *Storr,* Dekan *Glöckler* in Tübingen, Dekan *Becherer* in Tuttlingen und Senior *Köstlin* in Eßlingen teilnahmen, um unsere alten Verbindungen in Christus zu erneuern. Ich merkte schon die Anfänge einer Rippfellentzündung und reiste doch; ich kam aber kränker zurück, legte mich und war ein halbes Jahr lang an einer aus der Rippfellentzündung sich entwickelnden Schwindsucht erkrankt. Ich war dem Tod im Rachen; alle Arznei war umsonst. Nachts um elf Uhr fing die Fieberhitze an. Da konnte ich der Gedanken nicht Herr werden, bis ich eine Tafel ins Bett nahm und sie niederschrieb. Ich schrieb den zweiten Teil der irdischen und himmlischen Philosophie[97] vor den

Pforten der Ewigkeit und in der Überzeugung, daß ich sterben müsse. Es sollte mein letztes Testament sein. Da fand ich Ruhe. Endlich schickte mir Herr Geheimrat Georgii, als schon alle Hoffnung aus war, durch Herrn Storr des Hekalios weiße Tropfen, von denen ich nachher selber herausfand, woraus sie bestehen. Davon wurde ich gesund. Herr Pfarrer *Hahn*[98], der die Himmelsmaschine verfertigte, war mein Vikar. Er war damals noch nicht in Onstmettingen. Dieser kennt den ganzen Verlauf meiner Krankheit. Nachdem ich gesund geworden war, kam mir Swedenborgs Buch in die Hand. Das übersetzte ich und machte daraus den ersten Teil der irdischen und himmlischen Philosophie* und gab's mit herzoglicher Genehmigung zum Druck nach Tübingen.

Als Prälat in Murrhardt

Inzwischen wurde die Prälatur in Murrhardt[99] frei. Ich wußte, daß ich Feinde hatte, wiewohl ich zehn Jahre vorher schon zum Prälaten vorgeschlagen worden war. Daher schrieb ich einen Brief in französischer Sprache an Serenissimus**, worauf Seine Durchlaucht mir in vier Tagen zwei Briefe zugehen ließ. Ich wurde demnach auf Befehl des Herzogs Prälat. Mein Buch über die »Irdische und himmlische Philosophie« kam erst nachderhand zum Vorschein. Darüber war das Konsistorium heftig entrüstet. Ich mußte mich verantworten.

Durch herzogliche Verordnung vom 11. Dezember 1765 wurde ich in die Landschaft [die Vertretung der Stände] eingeführt und weilte beinah ein Jahr lang in Stuttgart. Endlich kehrte ich nach Murrhardt zurück. Da lag ich mit guter Ruhe

* Der Titel des ersten Bandes der »Irdischen und himmlischen Philosophie« lautet: »Swedenborgs und anderer irdische und himmlische Philosophie zur Prüfung des Besten ans Licht gestellt« (1765).

** Serenissimus entspricht der Anrede ‚Seine Durchlaucht' und war für den Herzog üblich. Es handelt sich hier um Herzog Karl Eugen von Württemberg.

der Schriftphilosophie ob. Von dem Konsistorium wurde ich endlich dahin gebracht, daß ich mich auf Grund meiner Stellung als Prälat an den Geheimen Rat wandte. Das Konsistorium verbot mir, noch etwas in oder außer Landes drucken zu lassen. Hierauf hat mein Sohn, der praktischer Arzt ist, unter seinem Namen das Buch »Metaphysik in Verbindung mit der Chemie« drucken lassen.

Mein jüngster Sohn Johann Friedrich wurde inzwischen von mir im Lateinischen, Griechischen, Hebräischen und Rabbinischen unterrichtet.

Den 30. November 1768 sollte Serenissimus hier ankommen. Seine Durchlaucht wurde aber verhindert, und sein Bruder, Prinz Friedrich Eugen* kam hier an. Am Andreastag hielt ich vor den Herren vom Hof eine Predigt, und Seiner Durchlaucht, dem Prinzen, machte ich nach der Predigt meine untertänigste Aufwartung. Währenddessen traf die Gemahlin Seiner Durchlaucht, Königliche Hoheit, mit dem Wagen ein, und ich wurde zur Tafel gezogen. Ihre Hoheit redete gnädigst mit mir und erinnerte sich noch aller Gespräche, die ich vor drei Jahren mit ihr über Antonia** geführt hatte, von der mein Buch inzwischen bekannt geworden ist.

Im stillen schrieb ich an *Swedenborg* nach Stockholm. Er antwortete mir, und die ganze Korrespondenz ist in Klemms deutscher Theologie gedruckt zu lesen. Jedermann sieht, daß ich nichts von ihm angenommen habe, als was zur Schriftphilosophie gehört; aber seine Begriffe in der Auslegung verabscheue ich. Er schickte mir seine Bücher »Von den Erdkörpern der Planeten«, »Von der ehelichen Liebe« und endlich sein letztes »Von der wahren christlichen Religion«. Dieses letzte machte mich ganz abwendig von ihm.

Swedenborg ließ inzwischen wieder verschiedene Briefe an mich ergehen, von denen ich einen in die Übersetzung des

* 1795–1797 Herzog von Württemberg

** Es handelt sich um Gespräche über die Lehrtafel der Prinzessin Antonia, die sich in der Dreifaltigkeitskirche zu Teinach befindet (siehe Anmerkung 60).

Buches von den Erdkörpern der Planeten eingerückt habe. Die Übersetzung hat unter meiner Leitung der über die Maßen geschickte vierzehnjährige Jüngling, der Sohn meines Neffen, des Herrn Kammerdirektors Dertinger, angefertigt. In diesem Brief droht mir Swedenborg, daß ich nach meinem Tod in die Hölle verwiesen würde, wenn ich seine Lehren nicht annähme. Dies las ich mit Gleichmut und hielt es Swedenborg zugut. Ich wußte wohl, daß ein Seher kein Schrifterklärer ist und daß man die Fehler nicht verketzern soll, die aus dem Beruf eines Gelehrten folgen, der ein gutes Herz hat.

Man hielt mich inzwischen doch für einen Verfechter aller Swedenborg'schen Lehren. Darüber ließ ich zwei Büchlein im Druck erscheinen, welche Messerer in Halle verlegt hat: Erstens »Vermittlung des Streits zwischen Swedenborg und dem Gotenburgischen Konsistorium« und zweitens »Beurteilung der wichtigen Lehre von dem Zustand nach dem Tod bei Emanuel Swedenborg«.

Das Konsistorium war sehr erbost gegen mich und ließ eine Verfügung ergehen, daß man alles, was an Swedenborg'schen Büchern vorhanden sei, einziehen und enteignen solle. Es brachte auch mit Hilfe des Prälaten *Faber*, der mir schon lange entgegenarbeitete, wiewohl er anfänglich mein bester Freund war, bei dem Geheimen Rat zuwege, daß in besonderer Entschließung ein Schreiben an mich erging, ich dürfe Swedenborg, wenn er ins Land käme, nicht aufnehmen. Diese Auflage war sehr drückend für mich, weshalb ich mich an Serenissimus hielt, der meiner Meinung, daß man die Heilige Schrift ohne Weltphilosophie auslegen solle, beipflichtete und zu mir sagte, wenn ich tausend Verfolger hätte, so sollten sie mir nichts anhaben. Faber verteidigte eine meinem erleuchteten Herzog entgegengesetzte Meinung und widersprach mir in einer wissenschaftlichen Abhandlung über das moralische Gefühl. Er vertrat darin die Auffassung, daß man die Wolff'sche Philosophie dem Naturrecht zugrunde legen und folglich die Rechtswissenschaft und die Theologie nach ihr ausrichten sollte. Ich widerlegte dies in meinem Buch »Die Philosophie der Alten, wiederkommend in der güldenen Zeit«, und zwar im Schlußteil. Das tat Faber weh. Er kam 1767 ins Konsistorium, und da gedachte er, mich in Schranken zu halten. Ich aber dachte: Ich diene meinem Herrn im Himmel; der Herr wird für mich streiten, und ihr werdet stille sein. Daran hielt ich mich und wußte, daß Gott mit mir war.

Ich hielt mich aber für verpflichtet, zu meiner Verteidigung bei dem Geheimen Rat eine Schrift einzureichen, in der ich die Beschuldigungen des Konsistoriums widerlegte. Diese sind in das Buch »Beurteilungen der wichtigen Lehre von dem Zustand nach dem Tod und der damit verbundenen Lehren des berühmten Emanuel Swedenborg« aufgenommen worden. Der Geheime Rat wußte wohl, daß das Konsistorium unrecht gehandelt hatte und daß es gegen die landschaftlichen Verträge verstieß, einem Prälaten ohne mündliches Verhör – welches das Konsistorium vermeiden wollte, weil ihm mein Freimut wohl bekannt war – ein Buch zu beschlagnahmen und den Verfasser für einen Irrlehrer zu erklären. Ich wollte mich dem Konsistorium jedoch nicht zu sehr widersetzen. Zwar wollte ich öffentlich in Tübingen ein Streitgespräch führen; ich scheute aber das große Aufsehen, welches dadurch verursacht worden wäre. Ich begnügte mich also, ein anderes Buch herauszugeben, das in Frankfurt gedruckt werden soll des Inhalts: Sendschreiben an die Theologen, daß man nach Serenissimi Ausspruch zur Heiligen Schrift keine Weltphilosophie, sondern die Grundweisheit der Heiligen Schrift allein gebrauchen soll, daß man zur Erkenntnis des Hohenpriestertums Christi und zur Erkenntnis der ganzen Welt die von Gott zu besonderen Zeiten mitgeteilten Gnadengaben eines Jakob Böhme, eines Swedenborg und eines Postellus* mit Vorsicht und unter Ausscheidung

* Wilhelm Postellus (1510–1581) französischer Mystiker

unrichtiger Lehren zu Rate ziehen und die Heilige Schrift in ihren maßgebenden Punkten dadurch erklären soll, besonders aber Hesekiels Lehren zu Grunde legen und aus Jakob Böhme und Swedenborg nichts annehmen, als was eine Norm in der Heiligen Schrift habe, und daß man Semlers[100] Lehre ablehnen soll*. Gegen *Semler* aber schrieb ich ein Buch, in dem ich darlegte, daß man die Aussagen der Offenbarung allein aus der Grundweisheit der Heiligen Schrift erklären müsse. Nun ist weiter nichts übrig, als daß ich mich mit verbundenen Augen von Gott führen lasse.

Inzwischen kam in der Landschaft ein großer Streit auf. Kanzler *Reuß*, ich, Prälat *Faber* und Assessor *Dann***, Mitglieder des Engeren Ausschusses der Landschaft, erhoben Einspruch gegen die Mißbräuche des Engeren Ausschusses. Der Oberhofprediger *Fischer* sagte in seiner Predigt, daß in diesem Fall Pilatus und Herodes Freunde geworden seien, die doch zuvor Feinde gewesen waren. Ich ließ das alles gehen, und der Streit in der Landschaft wurde beendigt. Ich befahl alles Gott und Jesus Christus, meinem Herrn.

Herr *von Braun*, Vizedirektor der Adelsvereinigung in Thüringen, widmete mir sein Buch von der Zersetzung des Wassers. Ich sandte es Serenissimo und schickte Herrn von Braun als Gegengabe ein Manuskript »Entwurf einiger Grundsätze der Gesellschaft zur Verbreitung der Patriarchalphysik***«. Darin wurden die hauptsächlichsten Begriffe der Naturlehre der Heiligen Schrift aus der Chemie erklärt, damit man sehe, daß ich die Alchimie um der Heiligen Schrift und nicht um Goldes willen studiert habe.

Inzwischen hatten Herr von Braun die »Patriarchalphysik« und Rektor *Hasenkamp* das Büchlein vom »Hohenpriestertum Christi« drucken lassen. Oetinger mußte sich wegen dieser Veröffentlichungen am 12. Januar 1773 vor dem Konsistorium in Stuttgart

* Die Schrift erschien 1772

** Der Vater des bekannten Stuttgarter Pfarrers C. A. Dann

*** 1772, Physik nach der Weise der Altväter. Der Inhalt des Buches ist alchimistisch ausgerichtet.

verantwortet. Über die Verhandlung, die ihn damals tief erschüttert hat, berichtet er: »Ich bin durch Satans Anstiften bei dem Geheimrat *Renz* angeschwärzt worden. Mein alter Antagonist [Widersacher] Faber fand Gelegenheit, im Konsistorium sein Mütlein an mir zu kühlen. Renz verfaßte ohne Wissen des Herzogs eine besondere Verfügung im Geheimen Rat. Als ich zu ihm kam, sagte er, Serenissimus könne mich nicht schützen. Er bewirkte, daß ich vom Geheimen Rat vor das Konsistorium geladen wurde. Ich begab mich mit Freuden dahin, um zu reden, was sie nicht gern hören.« Faber hielt ihm vor, er habe sich über »des Synodi [oberste Kirchenbehörde] Zensur ungeziemend in seiner Replik [Antwort] ausgelassen«. Der Vorwurf zeigte, daß man es auf eine Demütigung Oetingers abgesehen hatte. Er sagte den Mitgliedern des Konsistoriums nun unverblümt seine Meinung: »Ich antwortete, es sei etwas Ungewohntes, daß man eine besondere Verfügung gegen mich abgefaßt und mich vorgeladen hätte, doch wolle ich nur sagen, niemand könne mir etwas vorwerfen, das Ahndung verdiene. Meine Lehre sei rein und im Konsistorium zensiert, wie aus meiner »Theologie, aus der Idee des Lebens abgeleitet« zu ersehen sei. Herr Generalsuperintendent und Oberkonsistorialrat *Köhler* [von Eisenach] sei um meiner Lehre willen vierzigmal[?] zu mir nach Murrhardt gekommen und habe mir gedankt, daß ich ihn von gewissen irrigen Sätzen befreit habe... Das sei der Grund aller Irrtümer, daß man Wolff'sche Definitionen zur Erklärung der Heiligen Schrift gebrauche ... Serenissimus sei der gleichen Ansicht. Daher habe Sie [der Herzog] mir, als ich ein Exemplar meiner Bücher über die Chemie überreichte, frei gesagt: ›Ich weiß, daß Er Verfolger hat; aber tausend Verfolger sollen Ihm nichts anhaben.‹ Da schrie *Frommann:* Sind wir Ihre Verfolger? Ich sagte: Ich rede mit Serenissimi Worten. Und als ich die besondere Verfügung gehört hatte, kein Buch ohne Zensur drucken zu lassen, antwortete ich, daß Köhler alle meine Schriften mitgenommen habe. Den Druck könne ich nicht verhindern. Endlich sagte ich, ich hätte hier weiter nichts zu tun, beurlaubte mich und ging fort.«

Am 9. September 1773 empfing ich Briefe von Repetent *Harttmann*[101] in Tübingen, meinem geliebten Freund, daß meine alte Jüngerin, Base und Schwester in Christus, Gottliebin Leyrer, die in Herrenberg meinen Sinn sehr klug gefaßt hatte, tobsüchtig geworden sei, und so sehr, daß sie meine ihr ehemals so lieben Bücher unter dem Anfall der

Krankheit verbrannt habe. Die Sache ist so: Ich liebe nichts als den eigentlichen Verstand der Worte des Neuen Testaments. Darauf wies ich sie und schenkte ihr mein Vertrauen. Sie kam nach Stuttgart, solang ich in der Landschaft war. Da warnte ich sie vor außerordentlichen Dingen, wozu sie einen Hang hatte. *Frau Bengel,* die Frau des großen Bengel, war krank. Sie pflegte sie vierzehn Tage lang, nahm aber keine Belohnung an. Da sagte Frau Bengel, der Herr solle es ihr öffentlich vergelten. Das fuhr wie ein Pfeil in sie, und als sie heimkam, bekam sie Einleuchtungen. Ich sagte: Wir wandeln im Glauben, nicht im Schauen und warnte sie in zwanzig Briefen. Es kam weit mit ihr. Ich reiste daher zu ihr und sagte, sie sei krank, sie solle sich losmachen. Endlich kam sie zu mir. Ich gab ihr nicht einmal die Hand und ließ sie kühlen Herzens nach Hause reisen, um sie von ihrer Anhänglichkeit an mich abzubringen. Nun höre ich, daß mir Satan durch sie Faustschläge gibt. Große Demütigungen! Satan geht überall mit seinen Schlichen vielgeschäftig an mich. O wie denke ich an Schill, der mir so viele Erinnerungen gegeben hat, die ich vergessen habe! Ich ging aufs Feld, fiel nieder und bat für sie. Darnach schickte ich ihr Dr. Hofmann's bekannte vortreffliche Tropfen und fügte den Rat hinzu, ihr eine zerschnittene Schlehe auf den Rücken zu binden. Nun weiß ich nicht, wie es um sie steht.

Vor dreißig Jahren unternahm ich als Magister eine Reise, um M. Bardili zu besuchen. Da kam eine erweckte Frau zu mir und klagte, daß ihr die Visionen eine Last seien. Karl XII., König von Schweden, sei zu ihr gekommen und habe gesagt, er sei vor Friedrichshall erschossen worden; nun schwebe er und suche Ruhe. Auch sei der Schultheiß des Orts am hellen Tag zu ihr gekommen und habe geklagt, daß er als ein Säufer – wovor sie ihn gewarnt habe – gestorben sei. Nun sei er unter Satans Gewalt und müsse zu seiner Saufgesellschaft; da gebe ihnen Satan ein, daß sie zweimal so viel saufen. Auch viele andere seien ihr erschienen, so daß ihr

Schwiegervater darüber geklagt habe. Sie möchte dieser Dinge enthoben sein; wie sie es doch machen solle? Ich sagte, sie solle das Lied »O Haupt voll Blut und Wunden« innig betrachten und bei dem Vers »Erschein mir in dem Bilde« stehen bleiben. Hernach kam sie, dankte mir und sagte, nun sei sie frei, sie sehe nichts mehr. – Wenn die Gottliebin mir so gefolgt hätte, würde sie nicht tobsüchtig geworden sein.

Rektor *Hasenkamp*[102] in Duisburg gibt mir sehr wichtige Nachrichten über eine Person[103], die noch mehr als Präzeptor Schill mit den Himmelsbürgern Gemeinschaft hat. Weil ich aber das siebzigste Lebensjahr zurückgelegt habe, so mache ich mir aus allen diesen Dingen wenig. Wir haben hier keine bleibende Stadt; die zukünftige suchen wir. Das heißt: Gläubige wissen, daß sie niemand aus der Hand Jesu reißen kann, und sie machen sich als Erstgeborene der Kreaturen Gottes wenig aus diesen Neuigkeiten. Sie leben und sterben dem Herrn. Wie es auf den Planeten aussehe, das wollen sie erst künftig erfahren. Jetzt kämpfen sie nach neutestamentlichen Kampfregeln, wozu Swedenborg nicht viel beiträgt, um die Krone des Lebens.

Inzwischen sehe ich von weitem, daß meine Lehre von der Schriftphilosophie aufschießt wie ein Reis und wie eine Wurzel aus dürrem Erdreich. Ich überlasse es demnach meinen Söhnen, besonders dem jüngsten, wie er meine Lehre einsehen und annehmen wird.

Der Ausklang eines reichen Lebens

Oetinger verdankte es der Gunst des Herzogs *Karl Eugen,* daß er zum Prälaten von Murrhardt ernannt wurde. Der Herzog schätzte ihn sehr wegen seiner chemischen Kenntnisse. Bei der Kirchenleitung dagegen war er wegen seiner Schriften und vor allem wegen seines Eintretens für Emanuel Swedenborg mißliebig geworden. Er wurde durch die Kirchenbehörde einem Verhör unterworfen. Seine Bücher sollten beschlagnahmt und durften ohne Erlaubnis des Konsistoriums nicht verlegt werden. Wie wenig man in der damaligen Kirchenleitung diesen Mann begriff, zeigt ein Reskript (Erlaß) über ihn und seine Theologie. Es heißt in ihm, man erwarte: »daß Ihr in Eurer Lehre, in Predigten und Schriften hinkünftig bei dem geltenden Vorbild der evangelischen Lehre verbleiben und Euch durchgängig so verhalten werdet, wie von einem echten evangelischen Prälaten und Theologen unseres Herzogtums mit Recht gefordert werden kann«. Er blieb für seine Behörde »ein Zeichen, dem widersprochen wird«. In der damaligen wissenschaftlichen Welt nahm man von ihm kaum noch Kenntnis. Man betrachtete ihn als einen Sonderling, den man eben seine eigenen Wege gehen ließ. Er bekannte einmal mit einer gewissen Bitterkeit: »Sie lauern auf mich, und versteht mich keiner.« Er ließ sich aber von dem einmal als richtig erkannten Weg nicht abbringen: »Meine Theologie enthält alles beweiskräftig. Sie ist unüberwindlich. Ich habe sie in sechsundvierzig Jahren gemacht unter dem Beistand des heiligen Geistes. So stolz und trotzig bin ich nicht auf mich, sondern auf Gottes Führung.«

Während seiner Murrhardter Zeit verfaßte er noch eines seiner bedeutendsten Werke, sein »Biblisches und emblematisches Wörterbuch, dem *Tellerischen* Wörterbuch[104] und anderer falschen Schrifterklärungen entgegengesetzt« (1776). Über die Aufgabe, die er mit der Herausgabe eines solchen Wörterbuches auf sich genommen hatte, schrieb er: »Ein Wörterbuch über die Heilige Schrift zu machen, ist ein Geschäft wie des Petrus Netzeflicken. Es ist mühsam für Lehrer und Zuhörer. Jesus setzt das Gebet des Vaterunsers aus lauter gewohnten, im Talmud gangbaren Worten zusammen. Das Gebet Jesu war das kürzeste Wörterbuch; jetzt aber wird es ein langes Werk wegen der Spitzfindigkeiten der Parteien. Doch, weil man heutzutage in der Heiligen Schrift so eigenwillig herumwühlt, so ist's nötig. Derjenige wühlt in der Schrift herum, der seinen Einfällen, so hübsch und schön sie sind, traut. Er will ein Erfinder von neuen Gedanken sein, obwohl er das, was ihm gegenübersteht, nicht zu Rate ziehen will. Man muß sich gleichwohl behelfen mit einer so gezwungenen Art zu erklären, bis Gott die eigentliche reine Sprache nach Zephania 3, 9 unter allen Nationen wiederhergestellt hat.« Und weiter sagt er: »Durch Erwägung und Vergleichung der heiligen Worte kommt man auf gesunde Gedanken. Wer aber aus sich selbst klug sein will, und es für gekünstelt hält, keusch zu sein, ist in großer Gefahr. Die Rechnung des Schrifterklärers Bengel wird großen Lohn haben, und die, welche nur in der Schrift herumgewühlt haben, werden sich selbst verurteilen.«

In den ersten Jahren seines Murrhardter Aufenthaltes bereitete ihm sein Sohn *Theophil,* der in Tübingen Medizin studierte, viel Sorgen. Er machte Schulden und führte das Leben eines flotten Studenten. Im Jahr 1767 wurde er in eine Duellangelegenheit verwickelt. Der besorgte Vater schrieb ihm damals: »Dein Zweikampf wird von Deiner Mutter beweint mit Seufzen. Den verdorbensten Menschen erscheint das als ein Ruhm, was den Edelsten als Schande erscheint. Du hast Dir selbst einen unvertilgbaren Schandfleck angehängt ... Ich weiß nicht, was ich Dir raten soll. Ich befehle Dich Gott und flehe zu ihm, daß er, was Hesekiel 38, 4 zu lesen ist, an Dir wahr machen möge, nämlich, weil Du nicht freiwillig die Grundsätze der göttlichen Weisheit annehmen, sondern wie Maultiere und Rosse gebändigt werden willst nach dem 32. Psalm, daß er Dir einen Zaum anlegen wolle.« Aber ebenso herzlich konnte er ein ander Mal an ihn schreiben: »Lieber Sohn! Mir ist's leid, daß Dir das Fieber solche Not erweckt und Du auch aus Ungeduld in verzweifelte Worte ausgebrochen bist. So ist's, wenn man etwas nur von der Natur, losgelöst von Gott, annimmt. Ein Christ denkt aber: »Gott ist gegenwärtig, lasset uns anbeten!« es komme, woher es wolle. Er regiert alle Enden der Welt und der Natur. Er ist Vater unser, das ist aller Menschen Erretter, besonders der Gläubigen, welche die Lehre des Evangeliums dem Gold vorziehen. Genug hiervon! Wer ist ein Lehrer wie Gott?« Der Vater erlebte aber doch noch die Freude, daß der Sohn sein Studium abschloß, sich in Göppingen als Arzt niederließ und im Jahr 1773 heiratete.

An seinem jüngeren Sohn *Johann Friedrich,* der sich für das Studium der Theologie entschieden hatte, erlebte er mehr Freude. Als dieser Sohn 1772 nach Tübingen ging, gab ihm der Vater einen wertvollen Aufsatz über »Die Methode des theologischen Studiums« mit. Aus dem Aufsatz sei hier der letzte Abschnitt mitgeteilt: »Das Studieren muß man mit fortwährendem Vergnügen vermischen, so daß man das Studium der Wissenschaften mehr als Vergnügen, denn als schwere Arbeit ansehe. Kein größeres Vergnügen aber läßt sich denken, als wenn das Gemüt mit Licht, Glauben und Freude über das Heil, das ist Vergebung der Sünden, Gnade und ewiges Leben, das uns durch Christus geschenkt ist, erfüllt ist und man im Glanz dieses Lichtes, Gott im Geist des Gemüts ohne Unterlaß, selbst mitten unter der Arbeit, fröhlich anruft. Denn denen, die ihn anrufen, einergibt sich Gott, umarmt und küßt sie aufs lieblichste und erleichtert ihnen das Kreuz.«

Mit der Schrift »Versuch einer Auflösung der 177 Fragen aus *Jakob Böhme«,* die im Jahr 1777 erschien, schloß er seine theologische Arbeit ab. Böhme hatte im Jahr 1624 in seiner Schrift »Quaestiones theosophicae« (theosophische Fragen) eine Beantwortung von 177 Fragen versucht, die sich über das Ganze der göttlichen Offenbarung von der Schöpfung bis zur Wiedergeburt des Menschen und aller Dinge erstrekken. Böhme hatte die Schrift nicht vollenden können. Mit den ersten Sätzen zur Beantwortung der 14. und 15. Frage bricht das Werk ab. Der englische Mystiker *Eduard Taylor* hat in seinem Buch »Jac. Böhmii Theosophia« (Jak. Böhmes

Theosophie) die übrigen Fragen zu beantworten unternommen. Nach ihm hat Oetinger noch einmal versucht, die 177 Fragen zu beantworten.

Wenn Oetinger auch in der gelehrten Welt seiner Zeit kaum gewürdigt wurde, so war sein Ansehen im schwäbischen Volk, besonders aber in Stundenkreisen umso größer. Auch in Murrhardt begegnete man ihm mit großer Achtung und Ehrerbietung. Sein Einfluß auf die Gemeindeglieder war nicht gering. Das zeigt eine kleine Begebenheit, die er selbst erzählt: »In Murrhardt empörte sich das Volk; da bat mich der Oberamtmann, mit ihm auf das Rathaus zu gehen und das schwierige Volk zu stillen. Das tat ich, und es gelang mir gar schön.«

Wie sehr er mit dem Volk zu leben und ihm zu dienen suchte, läßt ein Nachtwächterlied erkennen, das er gedichtet hat und das noch viele Jahre nach seinem Tod allnächtlich gesungen wurde.

8 Uhr: Acht Seelen nur die Sintflut schont:
Nun flieht die Sünd', die also lohnt!

9 Uhr: Neun Stücke Sirach hoch erhebt;
Gott gönn' sie euch, solang ihr lebt.

10 Uhr: Ägyptens Plagen waren zehn;
der Herr lass' euch der keine sehn.

11 Uhr: Elf Jünger waren Jesu treu;
ein jedes von euch auch so sei!

12 Uhr: Zwölf Monat' hat ein jedes Jahr;
denk: welchen bringt man mir die Bahr?

1 Uhr: Ein Gott und nur ein Mittler ist;
den sucht und liebt ein wahrer Christ.

2 Uhr: Zwei Orte: Himmel oder Höll',
erwarten dich einst, liebe Seel'.

3 Uhr: Drei Zeugen in dem Himmel sind,
drei auf der Erd', glaub's, Menschenkind!

4 Uhr: Vier Stück' gehören zum Gebet;
die tut, solang der Atem geht!

5 Uhr: Herr, laß uns die fünf Wunden dein
in Not und Tod die Freistatt sein!

Bis in sein hohes Alter hinein versah er sein Amt und predigte Sonntag für Sonntag. Er schrieb seine Predigten nicht auf; aber er bewegte sie nach seinem eigenen Zeugnis die Woche hindurch im Herzen. Manche Leute stießen sich an seinem Vortrag und bedauerten, »daß er auf der Kanzel oft lange Pausen machte, das Gesicht mit den Händen bedeckend und des Geistes harrend«. Sie verstanden diese Haltung nicht und legten sie als ungenügende und mangelhafte Vorbereitung aus. Am Osterfest des Jahres 1778 hielt er seine Abschiedspredigt; es war eine Rede von der Freude über den Auferstehungstag. Das letzte schriftliche Zeugnis, das wir von ihm besitzen, ist ein Brief an *Karl Friedrich Harttmann* vom 20. April 1779. Er zeigt, daß er sich bis zuletzt in die Offenbarung des Johannes versenkt hat. Der Brief lautet: »Lieber Bruder! Überbringer dieses ist ein redlicher Mann. Wenn alle so wären, so ist's erwünscht. Ich habe die Apokalypse [Offenbarung] vor mir, ich wünsche die Länge und Breite zu erfüllen. Ich wünsche, die dissidia [Streitigkeiten] hören auf und die Liebe bleibe. Ich habe in Herrnhut Halatophili Irenaei [aufmunternde Gründe] zum Frieden geschrieben, und ich mische mich nicht gern in Händel ein. Ich habe mit dem Bruder langs und breits geredet zum Frieden. Zum Frieden rate hier. Adieu mit Frieden.«

Gegen Ende seines Lebens wurde er immer schweigsamer. Er verfiel mehr und mehr in den Zustand eines Kindes. Über die letzte Zeit erzählt *Immanuel Kolb*[105]: »Oetinger hatte von jeher mit seinen Hausgenossen regelmäßige Morgen- und Abendandacht gehalten. An dieser Sitte hielt er bis an sein Ende fest, auch dann noch, als er schon wie ein Kind geworden war. Morgens, sobald er angekleidet war, forderte er von seiner Frau das ›Frühstück‹. Dieses bestand darin, daß sie ihm einen Abschnitt aus der Bibel vorlas, den er aufmerksam anhörte. Dann fiel er auf seine Knie nieder, faltete die Hände und betete mit verklärtem Angesicht still vor sich hin, oder er tat wohl auch ein ander Mal den Mund auf und betete so kindlich und einfältig, so innig und brünstig, daß, wer ihn hörte, tief ergriffen wurde. So tat er auch, sooft die Betglocke läutete, er mochte nun allein oder unter Menschen sein, in Gegenwart seiner Hausgenossen oder fremder Gäste. Als Oetingers Zunge schwer geworden und er in den Zustand eines unschuldigen Kindes zurückgekehrt war, fragte ihn seine Frau oft, warum er doch so geworden sei, bis er ihr endlich unwillig die Antwort gab: ›Ich habe Gott lange genug darum gebeten‹.«

Hierher gehört auch der Bericht eines Unbekannten über die letzte Lebenszeit Oetingers. Er erzählt, daß Oetinger zuletzt nicht mehr gewußt habe, daß er Prälat sei. Mit Vorliebe habe er sich zu den Kindern gehalten. Zu ihnen habe er sich auf den Boden gesetzt und mit ihnen gespielt. Er sei wohl auch mit ihnen in den nahen Wald gegangen, um Blumen und Erdbeeren zu suchen. Sobald aber die Betglocke erklang, habe er die Hände gefaltet und mit den Kindern gebetet. Der unbekannte Erzähler fährt dann fort: »Ja, es sind damals viele Menschen, denen das Herz gepreßt war von innerem oder äußerem Leid, zu ihm gegangen und getröstet worden durch sein kindlich starkes Gebet zu dem lieben Vater, der alles hört. Man fand ihn auch oft auf den Knien vor seiner Bibel liegen und beten, wobei er die Besuchenden nicht achtete.«

Sein Schüler und Freund *Philipp Matthäus Hahn* hat über den stillen Sabbat Oetingers ein schönes Wort gesprochen: »Unser alter Oetinger hat sich eben sein ganzes Leben lang bei seiner rastlosen Geschäftigkeit gar niemals eine Ruhe gegönnt; der liebe Gott aber hat dem treuen Arbeiter noch auf der Erde eine Zeit der Sabbatstille und Ruhe geben wollen;

denn welche Ruhe könnte vollkommener und seliger sein als die einer frommen, unschuldigen Kindheit?«

Die letzte Krankheit, ein Katarrhfieber, führte zu seinem schnellen Ende. Ehmann berichtet aus Oetingers Krankheitstagen: »Aber auch da noch erhob er voll Innigkeit Hände und Antlitz zu dem, in welchem er stets sein einiges Heil gefunden«. Am 10. Februar 1782, in den frühen Morgenstunden des Sonntags Estomihi, ist Oetinger in die Wohnungen des Friedens eingegangen. Die Beisetzung fand am 14. Februar statt. Er erhielt seine letzte Ruhestätte in der Klosterkirche zu Murrhardt. Der Grabstein gegenüber der Kanzel trägt die Inschrift: »Hier ruht die verwesliche Hülle eines Geistes, der in vielen Schriften lebt, und, nachdem er sein Tagwerk vollendet hatte, stille der Stunde harrte, um unaussprechliche Worte zu lernen, des weil. Hochwürdigen Abts dieses Klosters, Herrn Friedrich Christoph Oetingers, geboren zu Göppingen den 6. Mai 1702, gestorben zu Murrhardt den 10. Februar 1782. Leser, gehe, lerne, solang es Tag ist, wirken und dann rasten. Leichentext 2. Timotheus 1, 12.«

Die Überlieferung berichtet von einem Erlebnis, das der Sohn Johann Friedrich drei Tage nach dem Begräbnis seines Vaters hatte. Er stand in der Nacht an einem Fenster in der Prälatur Murrhardt und warf, des teuren Vaters gedenkend und über den Zustand des Verstorbenen nachsinnend, von Zeit zu Zeit einen Blick auf die Klosterkirche. Der zwölfte Glockenschlag hatte eben Mitternacht verkündigt, als Johann Friedrich plötzlich die Kirche hell erleuchtet sah. Ein klares Licht, glänzend wie der Morgenstern, erhob sich aus der Klosterkirche, bis es langsam aufsteigend am Firmament vor seinen Augen verschwand. Da sank er auf seine Knie und betete: »Selig und heilig, der teilhat an der ersten Auferstehung. Die Lehrer aber werden leuchten wie des Himmels Glanz und die, so viele zur Gerechtigkeit weisen, wie die Sterne immer und ewig.«

Die wichtigsten Daten aus dem Leben Oetingers

1702	Friedrich Christoph Oetinger am 6. Mai in Göppingen geboren
1717 – 1720	Besuch des niederen Seminars in Blaubeuren und
1720 – 1722	des höheren Seminars in Bebenhausen
1722 – 1727	Aufenthalt im Tübinger Stift
1727	19. Juli Oetingers Mutter stirbt
1727 – 1728	erneut in Tübingen und Vorbereitung seiner beiden Brüder auf das Studium
1728 – 1729	einer Krankheit wegen Aufenthalt in Göppingen
1729 – 1730	erste Reise: Frankfurt/M - Berleburg - Jena - Halle - Herrnhut - Tübingen
1731	Veröffentlichung seiner ersten Schrift: »Aufmunternde Gründe zur Lesung der Schriften Jakob Böhmes«
1730 – 1733	Repetentenzeit in Tübingen Zinzendorf in Tübingen
1733 – 1737	zweite Reise: Erfurt - Herrnhut - Leipzig - Berlin - Kloster Bergen - Halle - Nymwegen - Leyden - Amsterdam - Frankfurt - Homburg vor der Höhe - Stuttgart
1735	Veröffentlichung der Schrift: »Die unerforschlichen Wege der Herunterlassung Gottes ...« und der weiteren Schrift: »Abriß der evangelischen Ordnung zur Wiedergeburt ...«
1737 – 1738	erneut Repetent in Tübingen
1738	22. April Hochzeit in Urach mit Dorothea Linsenmann

1738 – 1743 Pfarrer in Hirsau
Zinzendorf in Hirsau
Veröffentlichung der Schrift: »Etwas Ganzes vom Evangelio ...«

1743 – 1746 Pfarrer in Schnaitheim

1746 – 1752 Pfarrer in Walddorf bei Tübingen

1748 Veröffentlichung seines Buches: »Einleitung zu dem neutestamentlichen Gebrauch der Psalmen Davids«

1752 – 1759 Dekan in Weinsberg

1753 Veröffentlichung der Schriften: »Inquisitio in sensum communem ...« und »Die Wahrheit des sensus communis«

1759 Herausgabe des »Weinsberger Predigtbuches«

1759 – 1766 Dekan in Herrenberg

1763 Herausgabe des Buches: »Öffentliches Denkmal der Lehrtafel einer weiland württembergischen Prinzessin Antonia ...«

1764 Niederschrift der »Genealogie der reellen Gedanken eines Gottesgelehrten«

1765 Veröffentlichung seines bedeutendsten Werkes: »Theologia ex idea vitae deducta ...«

1765 Veröffentlichung des Buches: »Der irdischen und himmlischen Philosophie zweiter Teil ...«

1766 – 1782 Prälat in Murrhardt

1776 Herausgabe des »Biblischen und emblematischen Wörterbuches«

1777 Herausgabe der Schrift: »Versuch einer Auflösung der 177 Fragen aus Jakob Böhme«

1778 Oetinger hält am Osterfest seine letzte Predigt

1782, 10. Februar: Oetinger stirbt. 14. Februar: wird in der Kirche zu Murrhardt beigesetzt.

Anmerkungen

1. Lucius Annaeus Seneca (3–65 n. Chr.) war Erzieher des Kaisers Nero. Unter seinen Schriften ragt die »Briefsammlung an Lucilius« durch ihren reichen Gedankeninhalt, feine Beobachtungsgabe, leicht verständliche Darstellung hervor. Seine Lehre von der Nächstenliebe und sein Kampf gegen das Laster klingen so sehr an die christliche Botschaft an, daß ihn die Kirchenväter fälschlich für einen Christen gehalten haben.
2. Marcus Tullius Cicero (106–43 v. Chr.) war ein berühmter römischer Redner und Schriftsteller. Seine Schrift »Von den Gesetzen« umfaßte fünf Bücher, von denen drei erhalten sind. Im zweiten Buch behandelt Cicero die den heidnischen Gottesdienst betreffenden Gesetze.
3. Die Kerinthianer waren die Anhänger eines Kerinthos, der um 100 n. Chr. lebte. Er war ein Irrlehrer in der Frühzeit des Christentums. Er soll gelehrt haben, daß der Weltschöpfer vom höchsten Gott zu unterscheiden sei. Außerdem soll er die Gottessohnschaft Jesu Christi bestritten haben.
4. Die Quäker, die sich selbst als »Gesellschaft der Freunde« bezeichnen, betonen vor allem die alleinige und unbeschränkte Autorität des inneren Lichtes, d. h. des im Menschen wirkenden Gottesgeistes. Die Heilige Schrift und die Sakramente werden dadurch für sie bedeutungslos. Sie haben nur ein Interesse an dem erhöhten Christus, der nach ihrer Lehre das in jedem Menschen innewohnende Licht neu belebt.
5. Jan van Ruysbroek (1293–1381) war einer der großen Meister der mittelalterlichen Mystik. Mit vierundzwanzig Jahren wurde er zum Priester geweiht und wirkte dann in Brüssel. Im Alter von fünfzig Jahren zog er sich mit einigen Freunden in die Einsiedelei Groenendal bei Brüssel zurück. Nach der bald erfolgten Umwandlung ihrer Vereinigung in eine Klostergemeinschaft wurde Jan van Ruysbroek Prior des Klosters. Er war ein überaus fruchtbarer Schriftsteller. Elf seiner Werke sind auf die Nachwelt gekommen. Von ihnen sind zu nennen »Die Zierde der geistlichen Hochzeit« (um 1330) und »Der blinkende Stein«. Eine deutsche Übersetzung der Werke

des Jan van Ruysbroek hat Gottfried Arnold im Jahr 1701 herausgegeben.

6. Oetinger verweist hier auf sein biblisches Wörterbuch, das im Jahr 1776 erschienen ist. Mit ihm hat er dem aufkommenden Rationalismus den Vollgehalt der biblischen Wahrheiten entgegenzustellen versucht. Man hat das Wörterbuch als seine reifste und geistvollste Schrift bezeichnet. Über Ruysbroek sagt er: »*Ruysbroek*, der größte Mystiker, redet in dem ›Spiegel des ewigen Heils‹ ein wenig besser davon: ›Er hat jede Seele als einen Spiegel erschaffen. Die Klarheit Gottes schießt in das oberste Teil unserer Seelen helle Strahlen, Weisheit, Verstand, Wissenschaft. Die unermeßliche Liebe Gottes herrscht in der Reinigkeit unseres Geistes als ein Brand glühender Kohlen, welche das Herz entzünden und in dessen Kräften ein unermeßliches Ungestüm oder einen von keinem Maß wissenden Anfall oder Trieb der Liebe erwecken. Aber die Waffen, mit welchen wir gegen die verzehrende Liebe Gottes kämpfen, welche alle liebenden Geister in sich selbst verschlingen und verbrennen will, sind Erleuchtung des Verstandes. Damit befiehlt er uns, daß wir widerstehen und streiten und das Recht unserer Liebe, solang wir können, gegen ihn schützen sollen. Eben hierzu teilt er uns Verstand und Weisheit mit.‹ Dies sind nachdrückliche Worte, aber nicht nach dem Stil von der Gnade. Es ist zuviel Auswicklung in der Natur der Sache und zu wenig in der Art der Gnade.« (In der Ausgabe von 1776 – Seite 287/88.)

7. Hier verweist Oetinger auf seine im Jahr 1739 erschienene Schrift »Etwas Ganzes vom Evangelium in einem Grundriß derjenigen Predigt, die Gott selbst durch Jesaja vom Glauben (Kap. 40 – 49), von der Gerechtigkeit (Kap. 50 – 59), von der Herrlichkeit (Kap. 60 – 66) an alle Welt hält und noch wirklich nach eben dem Geist, jedem Zeitlauf und jedem Ort gemäß, will gehalten haben, samt verschiedenen Anmerkungen über die göttliche Mund- und Schreibart der Männer Gottes ...«. Aus dieser Schrift sei folgender Abschnitt mitgeteilt: »Ein Mensch hat keinen edlern Schatz als seine Gedanken. Gedanken sind entweder Bewegungen des natürlichen Lebens, welche durch die Muttersprache und äußerlichen Unterricht zu einer Erkenntnis geformt werden, oder Bewegungen des geistlichen Lebens, welche durch Übungen im Wort des Herrn entweder als ein bleibender Schatz im Herzen liegen oder wirklich vom Heiligen Geist nach Gelegenheit der göttlichen

Schickungen in Bewegung gebracht werden. Das mit lebendiger Unterweisung aus dem Geist gesprochene oder im Geist gelesene Wort ist der Same oder das Mittel, wodurch das natürliche Leben in das geistliche erhoben wird. Das geistliche Leben ist nicht das erste, sondern das natürliche. Das Wort wirkt durch eine Scheidung der durch Lehre eingepflanzten geistlichen wahren Gedanken von den Scheingedanken, welche entweder in der Natur vergänglich oder im bösen Gewissen unvergänglich sind. Sowohl die natürlichen als die geistlichen Gedanken sind zusammengesetzte Dinge. Wie ein Wort aus Silben, eine Silbe aus harten und lauten Buchstaben besteht, also entstehen die Gedanken durch gewisse Eindrücke und Zusammensetzungen der Eindrücke, die natürlichen durch Eindrücke vom Geschöpf und der Welt, die geistlichen durch das lehrende Wort Christi und seiner Glieder, der Gemeine; die natürlichen durch Eindrücke, die durch Mithilfe unserer Handlungen und Wirksamkeiten nach einer Vorschrift durchs Gesicht oder äußeres Gehör eingenommen werden, die geistlichen durch das Wort, das unsern Handlungen und Wirksamkeiten zuvorkommt und durchs innere Gehör eine anfänglich uns selbst unbekannte und von keiner äußerlichen Vorschrift erzeugte Gestalt gibt, kurz, das uns durch Mitteilung des Fleisches und des Blutes Christi einen neuen Grund der Gedanken und Worte gibt.« (Ausgabe 1850, Seite 205/7.)

8. Orbilius Pupillus war der erste Lehrer des Odendichters Horaz. Nachdem Orbilius im römischen Heer gedient hatte, kam er in seinem fünfzigsten Lebensjahr nach Rom und ließ sich hier als öffentlicher Lehrer nieder. Er war wegen seiner Strenge sehr gefürchtet.
9. Johann Hübner (1668–1731) war seit 1711 Rektor des Johanneums in Hamburg. Seine Hauptwerke sind »Fragen aus der politischen Historie« (10 Bände, 1697–1707) und »Zweimal 52 auserlesene biblische Historien aus dem Alten und Neuen Testament, der Jugend zum Besten abgefaßt« (1714).
10. Der Kanzler Wilhelm Ludwig von Mascowsky wurde 1675 in Göppingen geboren. Er studierte in Tübingen und wurde 1696 Sekretär bei dem württembergischen Staatsminister von Kulpis. Im Jahr 1720 wurde er landgräflicher Kanzler in Hessen-Darmstadt. Er starb 1731 als Reichshofrat.
11. Konrad von Geßner (1516–1565) war ein bedeutender Arzt und Naturforscher und wurde einst »der deutsche Plinius« genannt. Er starb als Professor in Zürich.

12. Essentia dulcis ist ein von dem Arzt Chr. Fr. Richter hergestelltes Heilmittel, das durch die Apotheke des Hallischen Waisenhauses vertrieben wurde. Richter, der als Dichter geistlicher Lieder bekannt geworden ist, schrieb über das Heilmittel im Jahr 1708 zwei Traktate: »Ausführlicher Bericht von der Essentia dulcis« und »Merkwürdiges Exempel sonderbarer, durch die Essentiam dulcem geschehener Kuren«.

13. Philipp Heinrich Weißensee (1673–1767) war Präzeptor an den evangelischen Klosterschulen in Maulbronn und Blaubeuren. Er starb als Prälat in Denkendorf. Von ihm stammt das Lied »Jesu, hilf beten«.

14. Kloster bedeutet hier Klosterschule. Die ehemaligen katholischen Klöster waren in Württemberg zum Teil in niedere theologische Seminare umgewandelt worden.

15. Johann Wendel Bilfinger war Prälat in Blaubeuren. Er vermittelte einst als Dekan von Cannstatt die Aufnahme von Georg Konrad Rieger in die Klosterschule zu Blaubeuren.

16. François Fénelon de Salignac de la Motte (1651–1715) war langjähriger Prinzenerzieher und seit 1695 Erzbischof von Cambrai. Sein Hauptwerk »Les aventures de Télémaque« schrieb Fénelon für den Enkel Ludwigs XIV. Es war als »Fürstenspiegel« für den Thronerben gedacht und erschien im Jahr 1699 gegen Fénelons Willen in Holland. Im 18. Jahrhundert galt Fénelon als Vertreter des Toleranzgedankens. Die neuere Forschung hat diese Ansicht auf Grund der Rekatholisierungsversuche an den Hugenotten und seiner Stellungnahme gegen die Jansenisten widerlegt.

17. Eberhard Ludwig, Herzog von Württemberg (1677–1733), ist in der württembergischen Geschichte besonders bekannt geworden durch sein ehebrecherisches Verhältnis zu einem Fräulein von Grävenitz. Ihr zuliebe baute er das Schloß in Ludwigsburg (1704). Unter seiner Regierung wurde das Stuttgarter Waisenhaus gegründet (1710) und die Konfirmation eingeführt (1723).

18. August Hermann Francke (1663–1727), der bekannte Gründer des Hallischen Waisenhauses, unternahm 1717/18 eine Besuchsreise durch Württemberg. Nähere Nachrichten über diese Reise finden sich in Karl Hermann: »Joh. Albr. Bengel«, 1937, Band I, S. 349.

19. Arnold'sche Ideen. Oetinger denkt hier an den bedeutenden Theologen des Frühpietismus Gottfried Arnold (1666–1714),

der als Liederdichter (»O Durchbrecher aller Bande ...«) und als Kirchengeschichtler (»Unparteiische Kirchen- und Ketzerhistorie«) bekannt geworden ist. Er neigte zeitweilig zu schroffem Mystizismus und Separatismus.

20. Georg Bernhard Bilfinger (1693–1750) war ein bedeutender Philosoph, Mathematiker und Theologe. Als Philosoph war er Vertreter der Leibniz-Wolff'schen Philosophie. Im Jahr 1737 wurde er als Vormund des Prinzen Karl Eugen zum Landesverweser bestellt. Die württembergische Kirche verdankt ihm das berühmte Reskript (herzoglichen Erlaß), durch das eine gesegnete innerkirchliche Wirksamkeit der Privatversammlungen ermöglicht wurde (1743). Friedrich der Große hat über ihn geurteilt: »Das war ein großer Mann, dessen Andenken ich stets verehre«.

21. Christian Wolff (1679–1754) war seit 1706 Professor in Halle. Als Philosoph war er kein selbständiger Denker. Er war von Leibniz und auch von der englischen Aufklärung abhängig. Durch seine mathematisch-demonstrierende Methode, die er auf die Theologie anwandte, wurde er zum Wegbereiter der Aufklärung in Deutschland. Seine Auseinandersetzung mit den pietistisch gesinnten Theologen in Halle endigte mit seiner Ausweisung aus Preußen durch König Friedrich Wilhelm I. Der König nahm Anstoß an seiner deterministischen Lehre, die, wie man dem König eingeredet hatte, jeden Deserteur seiner Verantwortung enthoben hätte. Wolff ging nach Marburg (1723), wo er als Universitätslehrer seine Glanzzeit erlebte. Beim Regierungsantritt Friedrichs des Großen (1740) wurde er von diesem nach Halle zurückgerufen.

22. Nicolas Boileau-Despréaux (1636–1711) war ein französischer Dichter und Schriftsteller, der durch seine Satiren berühmt wurde.

23. Die Inspiriertengemeinden gehen in ihren Anfängen auf die französischen Camisarden zurück, die sich nach der Aufhebung des Ediktes von Nantes (1685) in den Cevennen als Protestanten gegen die Unterdrückung ihres Glaubens wehrten. Die Gemeinden waren vor allem im Isenburgischen und im Wittgensteinschen verbreitet. Die württembergischen Theologen Eberhard Ludwig Gruber und Andreas Groß hatten in den Kreisen der Inspirierten lange Zeit maßgeblichen Einfluß. Man bediente sich in den Gemeinden der sogenannten »Werkzeuge«, die im somnambulen Zustand ihre »Aussprache« machten. Nach Grubers Tod (1728) trat Joh. Fr. Rock

an die Spitze der Gemeinden und entfaltete bis zu seinem Tod im Jahr 1749 eine ausgedehnte Reisetätigkeit.

24. Johann Friedrich Rock (1678–1749) wurde in Oberwälden bei Göppingen als Pfarrerssohn geboren, erlernte das Sattlerhandwerk und wurde wegen separatistischer Bestrebungen 1708 aus Württemberg ausgewiesen. Seit 1728 war er das anerkannte Haupt der Inspiriertengemeinden. In der Zeit von 1715–1742 hat er nicht weniger als siebenundzwanzig Reisen nach Württemberg unternommen. Im Jahr 1735 suchte Rock mit einigen Gesinnungsgenossen auch Bengel auf. Da Bengel auf seine Gedanken nicht einging, sandte ihm Rock nach seiner Abreise eine vom 17. September datierte Weissagung, in der er ihm unter Androhung göttlicher Strafgerichte seinen Hochmut vorwarf. Seit den vierziger Jahren trat in den Inspirationsgemeinden ein Stillstand ein.

25. Johann Andreas Hochstetter (1637–1720) war seit 1689 Prälat in Bebenhausen. Er bemühte sich, von Ph. Jak. Spener angeregt, um Erneuerung der kirchlichen Verhältnisse in Württemberg. Man bezeichnet ihn gern als den »Vater des schwäbischen Pietismus«. A. H. Francke nannte ihn den »württembergischen Spener«. Oetinger, der 1720 nach Bebenhausen kam, hat ihn noch kennengelernt. Christian Hochstetter (1672 bis 1732) wurde der Nachfolger seines Vaters in Bebenhausen.

26. Friedrich Christoph Weißmann war Klosterpräzeptor in Bebenhausen und wurde später Spezial in Kirchheim. Der bedeutende Tübinger Kirchenhistoriker Christian Eberhard Weißmann (1677–1747) war sein Bruder.

Israel Gottlieb Canz (1690–1753) war von 1721–1723 Präzeptor in Bebenhausen. Im Jahr 1734 wurde er Professor in Tübingen. Die Richtung seines Denkens läßt sein Werk von 1728 erkennen »Usus philosophiae Leibnitianae et Wolfianae in theologia« (Die Anwendung der Leibniz-Wolff'schen Philosophie auf die Theologie).

27. Jean Pierre de Crousaz (1663–1748) aus Lausanne. Als Erzieher des Prinzen Friedrich von Hessen-Kassel hatte er einen Teil seines Lebens in Deutschland zugebracht und hier viele Leser für seine französisch geschriebenen Werke gefunden. Er bekämpfte in seinen Schriften die Leibniz'sche Philosophie vor allem wegen der sich aus ihr ergebenden deterministischen Verknüpfung alles Geschehens.

28. Johann Osiander (1657–1724) war im Jahr 1708 von Herzog Eberhard Ludwig zum Konsistorialdirektor berufen worden.

Ihm unterstand die Leitung des gesamten württembergischen Kirchen- und Schulwesens. Er war maßgeblich an der Einführung der Konfirmation in Württemberg beteiligt. Häufig wurde er für diplomatische Aufgaben in anderen Ländern verwendet. Bossert bemerkt über ihn: »Sein Bild in der Tübinger Aula zeigt ein feines, blasses, intelligentes Gesicht in vornehmer Haltung – das Bild eines theologischen Diplomaten und Hofmannes.« Diese Schilderung macht es verständlich, daß Oetingers Mutter gern auf seinen Rat hörte.

29. Christian Thomasius (1655–1728) war seit 1679 Anwalt und Dozent in Leipzig. Er hielt als einer der ersten seine Vorlesungen in deutscher Sprache. Da er sich durch freimütige Beurteilung der wissenschaftlichen Zustände seiner Zeit, des Schlendrians und der Geschmacklosigkeit vieler Gelehrten und der Unduldsamkeit der Lutheraner vielfachen Haß zugezogen hatte, mußte er schließlich Leipzig verlassen. Die brandenburgische Regierung entschädigte ihn durch eine Anstellung an der Ritterakademie in Halle, wo unter seiner Mitwirkung eine Universität entstand (1694). Im Jahr 1710 wurde er Direktor der Universität. Er starb im Jahr 1728. Aus der Fülle seiner Schriften seien genannt die »Historie der Weisheit und Torheit« und »Die Grundlagen des Natur- und Völkerrechtes«. Er will das Naturrecht gegen alle Einmischung der Theologie geschützt wissen. Das natürliche Recht wird unabhängig von jeder Autorität durch vernünftige Überlegung gefunden. Da dieses Recht allen ins Herz geschrieben ist, muß es von dem Urheber der Natur abgeleitet werden. Alles positive Recht dagegen ist menschliches, d. h. von Menschen verkündetes Recht. Ob die Menschen dazu von Gott unmittelbar beauftragt worden sind, mag die Theologie untersuchen.

30. Elias Cammerer (1673–1734) war praktischer Arzt und Professor in Tübingen. Oetinger urteilt über ihn: »Elias Cammerer, ein heiliger Doktor und Professor der Medizin, hat die Beschauungen im Licht alle zurückgelegt und hat den Weg des Glaubens im Wort jenen vorgezogen.« (Predigten – Ehmann'sche Ausgabe – Band 2, S. 267.)

31. Gottfried Hoffmann (1669–1728) war seit 1707 Professor und Ephorus in Tübingen. Von ihm stammt das Werk »Synopsis theologiae purioris«. Einige seiner geistlichen Lieder stehen in Hedingers »Andächtigem Herzensklang« von 1700.

32. Thomas Goodwin (1600–1679), ein englischer Prediger und Verfasser mehrerer erbaulicher Schriften.

33. Das theologische Stipendium oder kurzweg »Stift« genannt wurde von Herzog Ulrich gegründet, um dem Land Prediger, Räte und Diener zu geben, die vom Geist der neuen Zeit erfüllt wären. Im Jahr 1547 überwies ihm der Herzog das ehemalige Augustinerkloster. Seit 1557 hat sich Herzog Christoph um den Ausbau der Anstalt sehr verdient gemacht.

34. Der Begriff der »merkurialischen Complexion« oder Veranlagung geht auf die älteren Naturkundigen zurück. Sie wollten im Merkurius, im Quecksilber, ein Bild der Beweglichkeit erkennen und übertrugen diese Erkenntnis auf den menschlichen Charakter. So entspräche die merkurialische Complexion dem sanguinischen Temperament. Es fehlt ihm allerdings die Richtung auf ein Ziel. Wenn ihm ein solches in der entschiedenen Hingabe an Gottes Willen geschenkt wird, wie dies bei Oetinger der Fall war, dann ist es als gut anzusprechen. Oetinger hat für sich die merkurialische Complexion in Anspruch genommen. Er hat deshalb seiner »Genealogie ...« einen Auszug aus der Schrift des Helvetius »Microscopium physiognomiae medicum« beigefügt und ihn mit folgenden Worten eingeleitet: »Ich habe meinen eigenen Charakter des Leibes und der Seele lange selber nicht erkannt; endlich aber habe ich ihn auf das allergenauste abgebildet gefunden in des Helvetii »Microscopio physiognomico«, woraus ich das Wichtigste übersetzt habe und hier vorausschicken will, damit man sehe, was der Schöpfer von Natur in mich gelegt, wie Gott ihn verbessert und in vielen Sachen nach seinen Absichten gebogen hat.«

35. Nicole Malebranche (1638–1715), ein französischer Philosoph, hat versucht, das System des Descartes durch Gedanken aus den Werken Augustins und Platos zu vertiefen. Alle Erkenntnis der Außenwelt ist nicht von Eindrücken abzuleiten, da sich körperliche Vorgänge nicht in Vorstellungen umbilden können. Die Erkenntnis beruht vielmehr auf Ideen, deren gemeinsamer »Ort« Gott ist. Alle Dinge, die in Wahrheit erkannt werden, können nur in Gott geschaut werden. Daraus ergibt sich für Malebranche die Aufhebung der kreatürlichen Unterschiedenheit der Welt von Gott zugunsten des Gedankens der »Partizipation« (Teilnahme) derselben an der Gottheit. Das Hauptwerk Malebranches »De la recherche de la vérité« (Von der Erforschung der Wahrheit) erschien 1675. Oetinger hat später über ihn geurteilt: »Ein heiliger Mann, der aber nicht nach der Heiligen Schrift philosophiert hat. Es

ist schön, daß er seine Philosophie von Gott und von Jesus Christus anfängt und endigt. Aber so hoch ich ihn deswegen halte und ihn den kaltsinnigen Philosophen, die sich des Namens Jesu in der Philosophie schämen, vorziehe, so muß ich doch bekennen, daß seine Denk- und Schreibart nicht nach dem Sinn Jesu, sondern nach der Mode der Philosophen und des Obersten dieser Welt ist« (Predigten, Ehmannsche Ausgabe, Band I, S. 582).

36. Christoph Matthäus Pfaff (1686–1760) war seit 1720 Kanzler der Universität Tübingen. Beinahe 36 Jahre lang hat er die Universität beherrscht. In der Wahl seiner wissenschaftlichen Quellen war er nicht sehr gewissenhaft. Das zeigen seine Studien auf dem Gebiet der Kirchenväterforschung. In verschiedenen Fällen wird ihm Betrug durch gefälschte Handschriften vorgeworfen. Auf dem Gebiet des Kirchenrechts hat er ohne Zweifel Bedeutsames geleistet. Im Jahr 1756 mußte Pfaff Tübingen plötzlich verlassen. Die Gründe für seinen Weggang sind nicht hinreichend aufgehellt. Die Akten über ihn sind verschwunden. In der Öffentlichkeit sprach man von einem schweren sittlichen Fehltritt, den er sich nach dem Tod seiner Frau habe zuschulden kommen lassen. Es ist interessant, was Oetinger über ihn in einem Brief an den Grafen von Castell schreibt (1756): »Reuß (siehe Anmerkung 40) ist statt Pfaff zum Kanzler ernannt. O, was für Dinge sind es mit Pfaff! Man darf es nicht schreiben bei Ungnade des Herzogs. Der König von Preußen hat Pfaff berufen mit 12 000 Gulden Gehalt. Er hatte aber schon die Berufung in Darmstadt angenommen. Wir sind des Buben los (Psalm 9, 17). Die Sache ist merkwürdig! Genug, daß er in Tübingen der Päderastie (Knabenschändung) angeklagt ist. Er ist aber, da man an ihn wollte, echappiert (entwischt).« Im Jahr 1760 ist er als Kanzler in Gießen gestorben.

37. Die Monadologie ist von Gottfried Wilhelm Leibniz entwickelt worden. Monaden nennt er die einfachen, unausgedehnten Substanzen. Sie sind metaphysische, nicht ausgedehnte Punkte, und ihre tätigen Kräfte bestehen in Vorstellungen. Die Verschiedenheit der Monaden besteht in der Verschiedenheit ihrer Vorstellungen. Gott ist die Urmonade; alle andern Monaden sind ihre Ausstrahlungen. Was uns als Körper erscheint, ist eine Anhäufung von vielen Monaden. Auch die Seele ist eine Monade. Mineralien und Pflanzen sind schlafende Monaden mit unbewußten Vorstellungen. Die Tiersee-

len haben Empfindung und Gedächtnis; aber die Menschenseelen sind klarer und deutlicher Vorstellungen fähig. Die Monaden haben keine Fenster. Es kommt aus ihnen nichts heraus und nichts in sie hinein. Ihre äußeren Beziehungen, ihre Bewegung und Trennung beruhen auf mechanischer Kausalität. Die Seele kann also nicht auf den Leib wirken. Gott aber als die Urmonade greift nicht stets aufs neue in den Verlauf der Natur ein. Gott hat alle Substanzen und auch Leib und Seele von Anfang an so geschaffen, daß, da jede dem Gesetz ihrer inneren Entwicklung mit voller Selbständigkeit folgt, sie zugleich mit allen anderen in jedem Augenblick in genauer Übereinstimmung steht. Leibniz nannte dies die Lehre von der prästabilierten Harmonie (der vorausfestgesetzten Harmonie, 1696). Oetinger hat lebenslang gegen die Leibniz'sche Philosophie gekämpft, die von Christian Wolff unter Hinzunahme von aristotelischen und stoischen Elementen zur herrschenden Philosophie erhoben worden war. Während seiner Studienjahre war Oetinger tief in diese Philosophie eingedrungen. Unter schweren inneren Kämpfen sagte er sich endlich von ihr los und sah es als seine Lebensaufgabe an, diese Philosophie durch eine andere zu ersetzen, die mit dem Inhalt der Heiligen Schrift übereinstimmt. Er nannte sie die »philosophia sacra« (die heilige Philosophie).

38. Georg Wolfgang Krafft (1701–1754) war seit 1725 in St. Petersburg tätig. Im Jahr 1744 kehrte er nach Württemberg zurück und übernahm die ihm übertragene Professur für Mathematik und Physik in Tübingen.

39. Ciceros Schrift »Von den Pflichten« ist an seinen damals in Athen studierenden Sohn Markus gerichtet. Die philosophische Bedeutung des Werkes ist gering; er gibt jedoch in ihm eine Menge praktischer und vortrefflicher Lebensregeln.

40. Jeremias Friedrich Reuß (1700–1777) war seit 1747 Generalsuperintendent der Herzogtümer Schleswig und Holstein. Im Jahr 1756 wurde er als Nachfolger von Pfaff nach Tübingen berufen. Er vertrat einen gemäßigten Pietismus.

41. Christian Fende war Rat und Vertreter verschiedener Reichsstände. Er gehörte zu dem separatistischen Kreis um Joh. Jak. Schütz in Frankfurt. Von ihm wurden unter anderem die folgenden Schriften verfaßt: »Des hocherleuchteten Apostels Pauli vortrefflicher Brief an die Epheser, übersetzt und erläutert nebst zwei Anmerkungen von der hauptsächlichen Wiederzusammenfassung aller Dinge in Christo, wie auch

von desselben Sendung in die Gleichheit des Fleisches der Sünde« (1727) und »Kurze Anweisung, wie eine Gott suchende Seele mit ihrem Gott und Christo umgehen und reden könne« (1730). Als Oetinger ihn kennenlernte, hatte er bereits das achtzigste Lebensjahr überschritten.

42. Johann Jakob Schütz (1640–1690) lebte als Rechtskonsulent und Reichsrat in Frankfurt am Main. Er war unter denen, die den von Spener in einer Predigt geäußerten Wunsch nach Erbauungsversammlungen aufnahmen und verwirklichten. Später nahm Schütz an den Privatversammlungen einer frommen Adligen, der Fräulein Eleonore von Merlau teil. Dieser Kreis beschäftigte sich vor allem mit der Lehre vom Tausendjährigen Reich und von der Wiederbringung aller Dinge. Im Jahr 1675 gab er eine Erbauungsschrift heraus »Christliches Gedenkbüchlein zur Beförderung eines anfangenden neuen Lebens, worin zur Ablegung der Sünde, Erleuchtung des inneren Menschen und der Vereinigung mit Gott in möglichster Kürze und Einfalt die erste Anregung geschieht«. Im Anhang stehen fünf geistliche Lieder und unter ihnen das bekannte Kirchenlied »Sei Lob und Ehr dem höchsten Gut ...«. Seit 1676 zog sich Schütz von der Teilnahme am heiligen Abendmahl und dann mehr und mehr vom Gemeindeleben zurück. Speners immer wieder versuchte freundschaftliche Vermittlung blieb ohne Erfolg. Nach dem Weggang Speners von Frankfurt im Jahr 1686 löste sich Schütz ganz von der Kirche. Als Schütz starb, wurde er ohne Mitwirkung eines Pfarrers begraben. Mit seiner Tochter, die ledig blieb, wurde Oetinger im Jahr 1727 bekannt.

43. Arianismus ist eine theologische Richtung, die auf den Presbyter *Arius* in Alexandrien zurückgeht, der seit 318 n. Chr. lehrte, daß der Sohn als vom Vater gezeugt ihm nur wesensähnlich und nicht von Ewigkeit her gewesen ist. Der arianische Streit hat ein halbes Jahrhundert lang die abendländische Christenheit bewegt. Unter dem Einfluß des *Athanasius* wurde auf dem ersten ökumenischen Konzil in Nicäa (325) die Lehre des Arius verdammt und die Wesensgleichheit des Sohnes (Homousie) im Gegensatz zu der Wesensähnlichkeit (Homöusie) als Dogma festgesetzt. Nachdem der Arianismus ein zweites Mal auf dem Konzil von Konstantinopel (381) verdammt worden war, hatte er zu jener Zeit seinen Einfluß verloren.

44. Die ›Cabbala denudata‹ (enthüllte Kabbala) wurde von *Chr. Knorr von Rosenroth* (1636–1689) herausgegeben. Der erste Band erschien 1677/78 und der zweite 1684. Knorr von Rosenroth lebte als Geheimrat und Kanzler in Sulzbach. Er ist besonders durch sein herrliches Morgenlied »Morgenglanz der Ewigkeit ...« bekannt geworden. Durch seine ›Cabbala denudata‹ vermittelte er seinen Zeitgenossen zum ersten Mal nähere Kenntnis über die jüdische Mystik.

45. Johann Albrecht Bengel wurde am 24. 6. 1687 in Winnenden geboren. Von 1713–1741 war er Klosterpräzeptor in Denkendorf und von 1741–1747 Propst in Herbrechtingen. Oetinger nahm, um in seiner Nähe weilen zu können, die bei Heidenheim gelegene Pfarrstelle Schnaitheim an. Seit 1747 war Bengel (als Prälat von Alpirsbach und Konsistorialrat) in Stuttgart tätig. Dort starb er am 2. 11. 1752. Als Zeichen seiner hohen Wertschätzung im ganzen Land darf die Tatsache angesprochen werden, daß bei seiner Beerdigung die Tore von Stuttgart geschlossen werden mußten, damit kein Fuhrwerk die Stille stören konnte. Seine Hauptwerke sind »Das Neue Testament in griechischer Sprache« (1734) – »Die erklärte Offenbarung Johannis« (1740) – »Sechzig erbauliche Reden über die Offenbarung Johannis« (1747) und vor allem sein »Gnomon Novi Testamenti« (1742). Durch seine milde und vermittelnde Stellung zu den Erbauungsstunden hat er viel dazu beigetragen, daß in Württemberg die pietistische Bewegung mit der Kirche verbunden blieb. Als Theologe hat er nicht nur bedeutsame Arbeit auf dem Gebiet der Erforschung des griechischen Textes des Neuen Testamentes geleistet, sondern auch wieder das Verständnis für endgeschichtliche Fragen geweckt. Die Wiederkunft Christi und den Beginn des Tausendjährigen Reiches hatte er für das Jahr 1836 errechnet, wobei er aber einen Irrtum für möglich hielt.

46. Friedrich Christoph Steinhofer (1706–1761) begleitete den Grafen von Zinzendorf auf seiner Reise durch Württemberg (1733). Mehrere Jahre war er Hofprediger in Ebersdorf. Im Jahr 1749 trennte er sich von den Herrnhutern und kehrte nach Württemberg zurück. Zuletzt war er Pfarrer und Dekan in Weinsberg. Er hat zahlreiche Schriften verfaßt. Sein bekanntestes Werk ist der »Evangelische Glaubensgrund in Predigten auf alle Sonn-, Fest- und Feiertage« (1753).

47. Jakob Böhme (1575–1624) war von Beruf Schuhmacher. Auf seiner Gesellenwanderung wurde er sieben Tage lang in den

»heiligen Sabbat der Seele« versetzt. Weitere Erleuchtungen hatte er 1600 und 1610. Im Jahr 1612 erschien seine erste Schrift »Aurora oder die Morgenröte im Aufgang«. Er wurde durch sie in heftige Lehrstreitigkeiten mit dem Görlitzer Oberpfarrer Richter verwickelt. Am sächsischen Hof und beim Konsistorium fand er Schutz. Man hat ihn den geistreichsten aller Theosophen genannt, »der bei aller über- und unkirchlichen Spekulation dennoch im Leben mit der ungeheuchelten, festen Frömmigkeit des altdeutschen Bürgertums der lutherischen Kirche treu blieb«. Seine Theosophie geht von dem Problem des Bösen und seiner Entstehung aus. Alle Dinge emanieren (gehen aus) von Gott. In ihm sind Feuer und Licht, bittere und süße Qualität vollkommen temperiert (gemäßigt) und harmonisch vereinigt. Sie gehen aber in der emanierten Kreatur auseinander. Durch die Wiedergeburt in Christus werden sie zur gottähnlichen Harmonie versöhnt und vereinigt. Sein Wahlspruch, den er in die Stammbücher seiner Freunde zu schreiben pflegte, lautet: »Wem Zeit wie Ewigkeit und Ewigkeit wie Zeit, der ist befreit von allem Streit.«

48. Sal, Sulphur und Merkurius sind Worte, die häufig in Böhmes Schriften vorkommen. Sal oder Salz ist die Eigenschaft und Kraft der Natur, wodurch ein Wesen fest und handgreiflich wird. Sie urständet in der herben, streng zusammenziehenden Eigenschaft der ewigen Natur. Merkurius oder Quecksilber ist der feurige Lebensgeist, die zweite Naturgestalt, die, von der herben Eigenschaft der Natur gebunden und gefesselt, nun sucht frei zu werden. Sie ist der Grund alles Bewegens, Lebens und Webens. Sulphur als Schwefel ist die dritte Naturgestalt, ein Feuersalz als Speise des Feuers. In der Seele ist es nach Überfeld, einem Anhänger Böhmes, das große Angstbrennen, bis das Licht aufgeht und sich von der Finsternis scheidet.

49. Die schwenkfeldischen Sektierer gehen zurück auf *Kaspar Schwenkfeld* (1489–1561). In der Abendmahlslehre und in der Christologie ging er eigene Wege. Er nahm an, daß das Fleisch Christi nicht aus der natürlichen Schöpfung, sondern aus dem Wesen Gottes selbst stamme. Christus ist auch nach seiner Menschheit der natürliche Sohn Gottes; denn »Gott hat dem Menschen Christus nicht allein sein Wort hinzugefügt und das Fleisch damit vereinigt, sondern hat ihm auch seine Natur, Wesen und Selbständigkeit, göttliche Schätze und Reichtümer bald von Anfang an herrlich mitgeteilt.« Er ver-

wahrt sich zwar gegen den Vorwurf, daß er die Menschheit Christi aufhebe, meint aber, man müsse auch Christi menschliche Natur in ihrem verklärten Zustand göttlich nennen. Daher ist ihm auch das Fleisch Christi nicht kreatürlich; denn es ist aus Gott, und zwar nicht nur so, wie Gott der Schöpfer alles Leiblichen ist, sondern in höherer Weise. Andere Menschen schafft Gott außerhalb seiner selbst, nicht aber so bei Christus. Er will nur ein Fleisch Christi anerkennen: das von ihm angenommene sterbliche Fleisch der Maria. Aber dieses sterbliche Fleisch ist ihm nicht das Wesen, sondern nur die zeitliche Gestalt des Fleisches Christi im Stande der Erniedrigung. Erst durch die Erniedrigung und den Tod hindurch kommt es zur Herrlichkeit und Verklärung. Dadurch ergeben sich natürlich wieder Abweichungen von der lutherischen Abendmahlslehre; denn dieser vergottete Leib Christi kann nicht in die Niedrigkeit irdischer Elemente bei dem Abendmahl eingehen. Neben seiner Lieblingsidee von der Vergottung des Fleisches Christi betonte Schwenkfeld auch noch andere Lehren, so z. B. die Forderung nach einer strengen Gemeindezucht. Sie führte zur Bildung eigner kleiner Gemeindekreise, deren Mitglieder den »Stillstand« pflegen, d.h. sie halten durch Trennung von den bestehenden Kirchen der Glorie Christi still. Die Anhänger Schwenkfelds waren hauptsächlich in Schlesien und Württemberg vertreten. Es gibt heute kaum noch Anhänger Schwenkfelds in Deutschland. Die meisten Schwenkfeldianer wanderten aus Schlesien aus und siedelten sich in Pennsylvanien an. Dort bestehen heute noch schwenkfeldische Gemeinden. Esajas Stiefel (gest. 1626) und Ezechiel Meth, sein Neffe, waren zwei Schwärmer, die mit Schwenkfeld in Verbindung gebracht wurden. Jakob Böhme wendet sich in seinem Anti-Stiefelius I gegen Stiefels Schrift »Die unterschiedliche Erklärung des ersten Menschen vor dem Fall, des andern nach dem Fall und des dritten von oben aus Gott geborenen letzten Adams«.

50. Über den Begriff der Zentralerkenntnis sagt Oetinger: »Die erste Eigenschaft der Zentralerkenntnis ist Unbetrüglichkeit, insoweit sie aus dem Zentralgrund ist. Die zweite Eigenschaft der Zentralerkenntnis ist die Passivität, nämlich daß die Wirkung Gottes mit der Wirkung des endlichen Geistes oder Zentrums nur eine Wirkung ist oder daß die quellende Kraft des kreatürlichen Geistes von der unendlichen Wirkung Gottes ohne einigen Widerstand einer natürlichen Selbstbewegung

getrieben wird und also die Seele in der höchsten Passivität ihre ursprüngliche allerreinste Aktivität wieder bekommt (Hesekiel 1, 12). Denn ob die Seele schon ein eingeschränktes Wesen ist, deren Wirkungen gegen den Wirkungen Gottes Stückwerk sind, so wird sie doch in jedem Grad der Zentralerkenntnis in die Einheit und folglich in das Unendliche transformiert (umgewandelt); denn die Einheit Gottes ist niemals ohne die Unendlichkeit. Weil aber gleichwohl jede von den verschiedenen Fassungskräften der Kreaturen, deren jede in Gott unendlich näher erhoben, nicht aber selbst unendlich werden kann, mit dem unendlichen Wesen durch Christum in Eins vergestaltet wird, so kann man sich einbilden, wie bei aller Einschränkung jeder Grad der Zentralerkenntnis dennoch etwas Unendliches ist. Die dritte Eigenschaft der Zentralerkenntnis ist diese, daß sie nicht durch Forschen oder eigene Vorbereitung kann erlangt werden, sondern allein durch Einsinken in den Tod Jesu Christi ... Nun komme ich zu der vierten Stufe, von der ich nicht wert bin zu schreiben, weil ich davon keine Erfahrung habe, sondern nur die Möglichkeit sehe. Doch weil ich den Zeugen aus Jesu glaube, so darf ich Staub und Asche mich wenigstens darüber freuen, daß Jesus durch seinen Tod und Auferstehen möglich gemacht, daß die Kreatur einer so unaussprechlichen Vereinigung mit Gott durch Jesum teilhaftig werden kann.« (Ehmannsche Ausgabe II, Band 5, Seite 290 und 261)

51. Johann Jakob Moser (1701–1785), der durch seine Gefangenschaft auf dem Hohentwiel (1759–1764) so berühmt gewordene württembergische Rechtskonsulent, hat neben seinen theologischen und erbaulichen Schriften eine Reihe bedeutsamer juristischer (Europäisches Völkerrecht) und kirchenrechtlicher Werke veröffentlicht.

52. Therese von Bordeaux gehört dem Orden der Karmeliterinnen an. Oetinger gab ihre Biographie im Jahr 1734 unter dem Titel »Die Verklärung Jesu in seiner Braut noch hier in dieser Welt durch ein wahrhaftiges und lebendiges Exempel des Lebens der seligen Maria de la S. Therese nebst einem herrlichen Auszug ihrer Briefe, sowohl der Welt als denen von der Welt Erwählten zum Nachsinnen und Nachahmung vorgestellt von einem Jünger Jesu«.

Margareta Maria Alacoque (gest. 1690) war Nonne im Kloster der Salesianerinnen in Paray-leMonial in der Bourgogne und Wegbereiterin des Herz-Jesu-Kultes in der katholischen

Kirche. Oetinger veröffentlichte ihren Lebenslauf in seinem Buch »Die unerforschlichen Wege der Herunterlassung Gottes ...« (1735).

Ein Abbé de Brion wird von Oetinger als Schreiber der Therese von Bordeaux erwähnt. Aus dem Buch des »Herrn Maure«, das den Titel trägt »Entré dans la Sapience«, bringt Oetinger einen Auszug in seiner Schrift »Etwas Ganzes vom Evangelium«.

53. Prästabilierte Harmonie nennt Leibniz das seiner Meinung nach von Gott einander zugeordnete Verhältnis von Leib und Seele, die nicht kausal aufeinander bezogen, aber doch so eingerichtet seien, daß ein harmonisches, obwohl nur paralleles Geschehen beider zustande komme.

54. Christian Hagmajer (1680 – 1746) war seit 1716 Professor der Philosophie und dann später der Theologie. Er starb als Abt von Hirsau.

55. Isaak Newton (1643 – 1727) ist der Begründer der neueren mathematischen Physik und der physikalischen Astronomie. Seine Hauptwerke sind »Philosophiae naturalis principia mathematica« (1687) und »Optics« (1704).

56. Der »Hirt des Hermas« wurde – so nimmt man heute an – um 140 n. Chr. von einem Laien namens Hermas geschrieben.

Irenäus, Schüler des Polykarpus, hat wahrscheinlich unter Kaiser Septimius Severus den Märtyrertod erlitten (202). Er kämpfte in seinen Schriften vor allem gegen die Irrlehren der Gnostiker.

Polykarp, Bischof von Smyrna, richtete einen Brief an die Philipper. Er erlitt im Jahr 155 den Märtyrertod.

Justin der Märtyrer (etwa 100 – 165) schrieb eine »Apologie« und den »Dialog mit dem Juden Tryphon«.

Klemens von Alexandrien war Leiter einer Katechetenschule und lebte gegen Ende des 2. Jahrhunderts. Er schrieb die große Trilogie: 1. Mahnrede an die Griechen, 2. Der Erzieher und 3. Die Teppiche (so genannt wegen ihres bunten Inhalts).

Origenes war Lehrer an der Katechetenschule in Alexandrien, lebte später in Cäsarea und starb 254 an den Folgen der erlittenen Marter. Mit seiner Schrift »De principiis« (Von den Grundlehren) schuf er die erste christliche Glaubenslehre.

Athenagoras hat eine Apologie für die Christen geschrieben, in der er die heidnischen Vorwürfe des angeblichen Atheismus durch Darlegung der christlichen Gotteslehre und die des Kannibalismus und der Unzucht durch eine Schilderung der christlichen Ethik widerlegt. Man nimmt an, daß die Apologie um 177 n. Chr. verfaßt wurde.

Theophilus von Antiochien (um 180) verteidigte in einer Schrift, die an den Heiden Autolykus gerichtet ist, das Christentum.

Eusebius von Cäsarea ist der Vater der Kirchengeschichte geworden. Seine Kirchengeschichte reicht bis 324. Eine Fortsetzung bis 423 bietet Sozomenus.

Makarius der Große (gest. um 390) schrieb geistliche Homilien, in denen naturphilosophische, asketische und mystische Elemente festzustellen sind.

Cyprianus (um 210–258 n. Chr.), der seit 248 Bischof von Karthago war, ist als Schriftsteller und Theologe berühmt. Er hat den katholischen Kirchenbegriff weiter entwickelt (»Außerhalb der Kirche ist kein Heil!«).

Tertullian (um 155 bis nach 220) wurde in Karthago geboren und wirkte wahrscheinlich als Rechtsanwalt in seiner Vaterstadt. Im Jahr 207 hat er mit der Kirche gebrochen. Er ist der Schöpfer einer ausgesprochen abendländischen Theologie und Kirchensprache. Seine Schriften sind berühmt wegen der Klarheit und Überlegenheit ihrer Sprache. Sie machten ihn viele Jahrhunderte hindurch zu einem der gelesensten kirchlichen Schriftsteller des Abendlands.

Basilius – Oetinger meint wahrscheinlich Basilius den Großen – ist der Vater des griechischen Mönchtums. Er starb 379.

Augustinus (354–430) ist der Vater des abendländischen Katholizismus. Seine Anschauungen von Sünde und Gnade wirkten nicht nur auf die Scholastik und die Mystik, sondern auch auf die Reformatoren. Die Schrift Augustins »De spiritu et littera ad Marcellinum« (Vom Geist und Buchstaben an Marcellinus) gehört zu den Werken, die er gegen den Pelagianismus geschrieben hat (Anmerkung 65).

Hieronymus (um 340–420) gründete in Bethlehem ein Kloster, dem er bis zu seinem Tod vorstand. Sein Ruhm beruht vor allem auf der Vulgata, die mit der Zeit die allgemein anerkannte Übersetzung der Bibel in der lateinischen Sprache wurde. Seine Schrift »Von berühmten Männern« ist eine kirchliche Literaturgeschichte.

Das Verzeichnis der von Oetinger gelesenen Kirchenväter zeigt, daß er ohne Zweifel ein ausgezeichnetes Wissen auf dem Gebiet der altchristlichen Literatur besaß. Man halte noch dazu, daß seine Kenntnis der kabbalistischen, alchimistischen, philosophischen und zeitgenössischen Literatur ebenso groß war.

57. Das Buch Sohar oder Zohar (Der Lichtglanz) ist das Standardwerk der mittelalterlichen Kabbala. Es erfreut sich bei den mystischen Gruppen des Judentums bis heute einer beinahe kanonischen Wertschätzung, die oft die des Talmuds übertrifft. Das Buch wird dem Tannaiten Rabbi Simon ben Jochai zugeschrieben; diese Annahme kann aber nicht aufrecht erhalten werden. Das Buch scheint vielmehr zwischen 1275 und 1290 im Innern Kastiliens entstanden zu sein. Als sein Verfasser gilt ein gewisser Mose de Leon, der 1290 starb und bis dahin um die Verbreitung des Zohar bemüht war. Um etwa 1300 erhielt der Zohar noch zwei Zusätze. Die im Zohar entwickelten Gedanken stellte Mose de Leon nochmals in systematischer Reihenfolge in seinem Buch »Die Ordnungen Gottes« dar. Das Buch Zohar ist nicht in systematischer Ordnung geschrieben. Es ist ein Kommentar zum Pentateuch (zu den fünf Büchern Mose). Eine Hauptrolle in dem Buch spielen die zehn Sephiroth oder Abglänze Gottes. Sie stehen zwischen Gott, dem Ewigen und Unsichtbaren, und der zeitlichen, sichtbaren Welt. Gott ist das En Soph, das Schrankenlose, Unerkennbare, das aus seiner Schrankenlosigkeit heraustritt und sich wirkend und erkennbar erzeigt durch die zehn Sephirot oder Erscheinungsformen. Das Licht, der ewige Sohar, bricht sich in zehn Farben. Die zehn Sephirot heißen auch der Adam kadmon (der Urmensch), die ideale Gestalt der Gottheit oder der »kabbalistische Baum«. Sie werden auch als »Gefäße des Unendlichen« die Welt genannt zum Unterschied von den verwirklichten Welten. Die ideale Welt verwirklicht sich in der Welt der Schöpfung, der Welt der Bildung (olam jezirah), d. h. der Welt der Engel und der Himmelskörper. Die dritte Welt, die Welt Asiah, ist die natürliche oder materielle. Wie es in der geistigen Welt zehn Klassen von Engeln als Leiter der Naturkräfte und Lebenstriebe gibt, so bestehen auch in der materiellen Welt zehn Klassen von Teufeln. Sie sind »Hüllen des Seins«, Grade der Begrenzung von Intelligenz und Leben und zerfallen in »Wüste«, »Leere«, »Finsternis«, »sieben Häuser des Verderbens«. Das Haupt dieser zehn Klassen von Teufeln ist der Todesengel. Ihm zur Seite steht die Hure, die Vertreterin des Bösen. Beide miteinander vereinigt heißen das »Tier«. Der Mensch, der jetzt in der Welt Asiah weilt, ist zur Welt Aziluth (dem himmlischen

Paradies) berufen. Sein Eingang in diese Welt, der zunächst durch seine Teilnahme an der Sünde der Geister bedingt ist, soll doch dazu dienen, die gesamte Schöpfung aus ihrem gegenwärtigen, gespannten Zustand zu befreien. Das geschieht durch gute Werke des Menschen, durch die das Materielle vergeistigt und das Gemeine veredelt wird. »Komm und sieh, ist Israel gerecht, so hebt sich oben der Thron immer höher und höher, umstrahlt von Freude und Liebe; ist aber Israel den Sünden ergeben, so kehrt sich alles um. Doch entzieht uns der Heilige nie ganz seine Milde«. Beachtung verdient, daß im Buch Sohar die Wiederbringung gelehrt wird. Die Bösen sind den Strafen der göttlichen »Strenge«, der fünften Sephirah unterworfen. Aber auch die strengste aller Strafen, das Feuer des »Gehinnoms« (der Hölle) dauert nicht ewig. Es wird einst alles »wiederhergestellt«, d. h. es wird alles wieder in die göttlichen Sephiroth und in die den einzelnen Wesen bestimmte Ordnung eingerückt werden.

Das Buch Jezirah, mit dem sich Oetinger auch beschäftigt hat, soll nach der Überlieferung der Synagoge von Rabbi Akiba verfaßt worden sein. Es ist um 500 n. Chr. entstanden und läßt deutlich den Geist der Gnosis erkennen. In kurzen und oft orakelhaften Sätzen bietet der Traktat in mischnahähnlicher Anordnung eine Darstellung über die Erschaffung der Welt. Die Zahlenmystik spielt in dem Buch eine große Rolle. So ist z. B. 22 die heilige Zahl. Sie ist dies nicht, weil das hebräische Alphabet 22 Buchstaben enthält, sondern das Alphabet zählt 22 Buchstaben, weil 22 die heilige Zahl ist. Gott ist die Voraussetzung für alles. Aus ihm geht sein Geist hervor, dem die Zahl 1 entspricht. Das Prinzip des Schaffens, Geist aus Geist ist mit der Zahl 2 angezeigt. Wasser ist 3, Feuer ist 4 und 5 – 10 entsprechen den 6 Seiten des Kubus – Höhe, Tiefe, Ost, West, Nord und Süd. Während in 1 und 2 das Prinzip des Schaffens, in 3 und 4 das Prinzip des Stoffes ausgesprochen ist, ist in 5 – 10 das Prinzip des Formens verborgen.

58. *Kabbalistische Quellen.* Die Zahl der kabbalistischen Schriften ist sehr groß. Dies gilt besonders für die Schriften aus der Zeit des 13. – 16. Jahrhunderts. Es seien genannt: »Glaube und Hoffnung« von R. Mose ben Nachman, »Die Lichttore« von R. Jose von Kastilien, »Der Granatengarten« von R. Mose von Cordova, »Die Seelenwanderungen« von R. Jassak Loria, »Der Baum des Lebens« von R. Chajim Vital und »Das Kö-

nigstal« von R. Naphthali ben Jakob Elchange. Die bedeutendsten dieser Schriften sind die beiden oben genannten Bücher »Sohar« und »Jezirah«.

59. Platon (428/7 – 348/7 v. Chr.) war ein griechischer Philosoph aus Athen, der als ehemaliger Schüler des Sokrates eine akademische Philosophenschule gründete. Den Mittelpunkt seiner Philosophie bildet die Ideenlehre, die Wilhelm Wundt einmal »eine der genialsten und sicherlich die folgenreichste philosophische Schöpfung aller Zeiten« genannt hat. Wie es Tugend gibt, weil die sittlichen Grundbegriffe unveränderlich sind, so gibt es ein Wissen, das sich nicht auf die wechselnde Welt des Werdens, sondern auf die Welt des Seins bezieht. Wahrhaft seiend sind nicht die veränderlichen Gegenstände der Sinnenwelt, sondern nur die Ideen (Lehre von dem wahrhaft Seienden). Die Verwandtschaft mancher Gedanken Platos mit denen des Christentums haben schon die ersten christlichen Schriftsteller beobachtet.

60. Sephirot. Der Begriff Sephirot sowie ihre Zehnzahl stammen aus dem um 500 n. Chr. entstandenen jüdisch-gnostischen Werk »Sepher Jezirah«. Sephirot bedeutet ursprünglich einfach »Zahlen«. Die Namen der Sephirot lauten: 1. Keter – Krone, 2. Chokma – Weisheit, 3. Bina – Verstand, 4. Chäsäd oder Gedulla – Milde, 5. Din oder Gebhura – Gericht oder Strenge, 6. Tiphärät oder Jehova – Schönheit, 7. Näsach oder Herr Zebaoth – Glanz, 8. Hod oder Elohim Zebaoth – Herrlichkeit, 9. Jesod oder El Chaj (lebendiger Gott) – Grund und 10. Malkut oder Adonaj (Herr) – Reich. Die Namen der Sephirot Chokma und Bina stammen aus Sprüche 3, 19 und die Namen der übrigen Sephirot mit Ausnahme von Jesod aus 1. Chronika 29, 11. Eine ausführliche Darstellung der Sephirot vom christlichen Standpunkt aus findet der Leser in der Schrift von J. Beck: »Die Lehrtafel der Prinzessin Antonia von Württemberg in der Dreifaltigkeitskirche zu Teinach – Eine Auslegung des Namens Jehova«. Dieses Bild entstand 1673. Oetinger hat darüber das Buch »Öffentliches Denkmal der Lehrtafel einer weiland württembergischen Prinzessin Antonia« (1763) geschrieben.

61. Carl Hector Marquis St. George de Marsay (1688 – 1753), ein Hugenotte, lebte seit 1711 in Schwarzenau, einem Dorf in der Grafschaft Wittgenstein. Marsay war ein eifriger Verfechter der Lehren der Frau von Guyon. Gegen Ende seines Lebens

näherte er sich wieder der lutherischen Kirche und vertrat einen milden Pietismus.

62. Dr. Kayser war praktischer Arzt in Stuttgart und Anhänger Jakob Böhmes. Er gab verschiedene Schriften heraus, in denen er seine ablehnende Haltung zur bestehenden Kirche verteidigte: »Abriß der falschen Kirche« (1712), »Die wahre Absonderung von allen falschen Kirchen« (1716) und »Die wahre Kirche, was und wo sie sei« (1716). In der Vorrede zu seinem »Geistlichen Wegweiser der Frau von Guyon« lehnte er die Inspiriertengemeinden und seinen ehemaligen Freund Rock ab und erklärte, »daß nach seiner geringen Erkenntnis diese Inspirierten zwar nicht unmittelbar vom Teufel noch von einem gefallenen Engel, die zu Luzifers Thron gehören, wohl aber von den abgeschiedenen Menschenseelen, die in der Verdammnis und zu höllischen Geistern geworden, geistlich und leiblich, das ist, vornehmlich nach Seele, Geist und Leib des äußeren Menschen besessen seien«.

63. Johann Conrad Dippel (1673–1734) hat sein Leben in dem Traktat »Wein und Öl in die Wunden des gestäupten Papsttums der Protestanten« (1698) selbst beschrieben, und zwar unter dem Titel »Nützliche Zugabe, enthaltend die Personalia des gestorbenen und doch lebenden Christiani Democriti« (des christlichen Demokritos). Er führte ein bewegtes Leben. Seit 1704 beschäftigte er sich in Berlin unter dem Schutz des Grafen August von Wittgenstein mit der Alchimie, 1707 wurde er auf Betreiben des schwedischen Gesandten wegen Beleidigung der schwedischen Regierung verhaftet. Im gleichen Jahr begab er sich nach Holland, erwarb in Leyden die medizinische Doktorwürde und übte die ärztliche Praxis aus. Von 1719–1726 war er auf der Insel Bornholm wegen Beleidigung des Statthalters Grafen Reventlov gefangen. Nach seiner Freilassung begab er sich nach Schweden, wo er nach zweijährigem Aufenthalt des Landes verwiesen wurde. Seit 1729 lebte er in Berleburg, wo er am 24. April 1734 gestorben ist. Seine sämtlichen Schriften wurden von Canz, dem Leibarzt des Grafen von Berleburg und Bruder des Tübinger Professors, im Jahr 1747 in drei Bänden herausgegeben. Als Arzt und Theologe verfügte er über eine reiche Bildung. Sein Kampf galt der Vorherrschaft der Geistlichen in der lutherischen Kirche. Er griff aber auch die Lehre von der Genugtuung Christi und von der Anrechnung seiner Gerechtigkeit an den gläubigen Sünder an. Dafür betonte er umso eifriger

den Begriff der Heiligung. Seine Gegner warfen ihm mit Recht Hochmut und beißenden Spott vor. Es ist ihm aber mit seinem Grundsatz der Heiligung Ernst gewesen. Seine Kritik an der Inspiration der Heiligen Schrift brachte ihn in noch schärferen Gegensatz zur zeitgenössischen Theologie. Oetingers Urteil »Ich hielt aber nicht viel von ihm«, ist angesichts des eigenartigen Charakters dieses Mannes wohl verständlich.

64. Adam Struensee (1708–1791) war seit 1730 Hofprediger der Gräfin von Sayn-Wittgenstein in Berleburg. Im Jahr 1759 wurde er zum Oberkonsistorialrat und Generalsuperintendent der Herzogtümer Schleswig und Holstein ernannt. Über die von Oetinger erwähnte Disputation siehe auch Fr. W. Winkel: »Casimir, reg. Graf zu Sayn-Wittgenstein – Berleburg« 1850, S. 78 ff.

65. August Gottlieb Spangenberg (1704–1792) war seit 1732 Adjunkt (Assistent) der theologischen Fakultät in Halle und Inspektor am dortigen Waisenhaus. Wegen seiner Verbindung mit Zinzendorf mußte er 1734 seine Stellung aufgeben. Er wirkte jahrelang in Nordamerika und legte den Grund zu den noch heute dort vorhandenen Brüdergemeinen. Im Jahr 1762 kehrte er nach Europa zurück. Er ist als Darsteller des Lebens von Zinzendorf (1772–1775) bekannt geworden. Von ihm stammt die lange Zeit grundlegende Dogmatik der Brüderkirche, die »Idea fidei fratrum« (Darstellung des Glaubens der Brüder, 1779).

66. Nikolaus Ludwig Graf von Zinzendorf (1700–1760) gab im Jahr 1722 den mährischen Brüdern, die um ihres Glaubens willen ihre Heimat verlassen hatten, Gelegenheit, auf seinem Gut Berthelsdorf die Kolonie Herrnhut zu gründen. Seit 1727 schuf Zinzendorf hier unter dem Namen der erneuerten Brüderkirche ein eigenes Gemeindewesen. Im Jahr 1737 wurde Zinzendorf von dem Oberhofprediger Jablonsky in Berlin zum Bischof der mährischen Brüdergemeine ordiniert. Die Brüdergemeine verbreitete sich bald auch außerhalb Sachsens. In Sachsen fand sie aber zunächst keine staatliche Anerkennung. Zinzendorf selbst wurde jahrelang aus seiner Heimat verbannt. Erst im Jahr 1749 konnte er zurückkehren. Zeitweilig bestand die Gefahr, daß er sich in religiöse Schwärmerei verlöre. Nach der sogen. »Sichtungszeit« (1743–1750) machte die Schwärmerei einer größeren Nüchternheit Platz. Zinzendorf lebte seitdem meist in London und seit 1755 wieder in

Herrnhut. Hier ist er am 9. Mai 1760 gestorben. Im Jahr 1733 hat er zum ersten Mal Württemberg besucht, um sich von der theologischen Fakultät in Tübingen ein Zeugnis seiner Rechtgläubigkeit ausstellen zu lassen. Er wurde in Stuttgart, Tübingen und anderswo mit offenen Armen aufgenommen. Damals schrieb er seiner Frau: »Ist die Schmach und Not in der Lausitz groß, so ist die Erhebung meiner Person in diesem Land mir gewiß tausendmal ängstlicher und plagt mich bis zum Sterben«. Er kam im Jahr 1734 erneut nach Württemberg, um sich unter die Zahl der württembergischen Predigtamtskandidaten aufnehmen zu lassen. Seinem Wunsch wurde entsprochen; aber seine Bitte um Übertragung der Prälatur St. Georgen im Schwarzwald wurde ihm von Herzog Karl Alexander abgeschlagen. Ein drittes Mal kam er 1739 nach Württemberg und predigte an verschiedenen Orten. Fortan ließ er Württemberg durch seine Boten bearbeiten, denen es gelang, eine Reihe junger Theologen für die Brüdergemeine zu gewinnen. Unter ihnen waren Oetinger, Steinhofer und Hehl. Die beiden ersten kehrten in den württembergischen Kirchendienst zurück; Matthäus Gottfried Hehl dagegen trat ganz in die Dienste der Brüdergemeine. Er starb 1787 als Bischof der nordamerikanischen Gemeinen. Georg Konrad Rieger ließ kurz vor seinem Tod im Jahr 1743 Oetinger auffordern, gegen die Herrnhuter Stellung zu nehmen. Das entscheidende Wort sprach Johann Albrecht Bengel durch seine Schrift »Abriß der sogenannten Brüdergemeine« (1751). Über Zinzendorf und seine Beziehungen zu Oetinger siehe den Aufsatz von R. Geiges: »Die Auseinandersetzung zwischen Chr. Fr. Oetinger und Zinzendorf« (Blätter für württ. Kirchengeschichte, Jahrgang 1935, Heft 3/4 und 1936, Heft 1/2.

67. Thomas Bromley (1629–1691) war anfangs Anhänger der theosophischen Gedanken Jakob Böhmes; im Lauf der Jahre entwickelte er aber seine eigene Lehre vom »inneren Licht«. Mit John Pordage, dessen Frau und Jane Leade bildete er um 1660 die »Philadelphische Gesellschaft«, deren Ziel es war, durch Frieden und Stille, durch Bekämpfung der Sinnlichkeit und die Verbreitung allgemeiner Bruderliebe das Reich Gottes auf Erden aufzurichten. In seinen »Zehn hohen mystischen Traktätlein« und in seiner Schrift »Weg zum Sabbat der Ruhe« vertrat er die Lehre von der Notwendigkeit und Vorzüglichkeit des ehelosen Lebens für die Vollkommenen und von ihrer Vermählung mit der holdseligsten himmlischen

Jungfrau Sophia (Weisheit). Die Philadelphische Gesellschaft löste sich bald nach seinem Tod, im Jahr 1705, auf.

68. Philipp Jakob Spener (1635–1705) war seit 1666 Pfarrer und Senior in Frankfurt am Main. Dort begann er mit der Einrichtung der collegia pietatis (Erbauungsstunden) und wurde so der Begründer des Pietismus in Deutschland. Von tiefer Wirkung auf die evangelische Christenheit seiner Zeit war seine Schrift »Pia desideria« (Fromme Anliegen), die im Jahr 1675 erschien. Er wurde 1686 Oberhofprediger in Dresden und 1691 Propst in Berlin. An der Errichtung der brandenburgischen Universität Halle war er maßgeblich beteiligt. Ihre theologische Fakultät hat durch August Hermann Francke großen Einfluß auf die norddeutsche Theologenwelt gewonnen.

69. Oetinger spricht hier von der »pelagianischen Zeit« in Erinnerung an Pelagius, der um 400 n. Chr. in Rom wirkte. Er vertrat im Gegensatz zu Augustin die sittliche Freiheit für eine Entscheidung zum Bösen wie zum Guten. Die Sünde ist nicht ein Vergehen auf Grund der menschlichen Natur, sondern des menschlichen Willens. Damit ist die Lehre von der Erbsünde abgelehnt. Der Fall Adams hat – nach seiner Meinung – der Menschheit wohl geschadet, aber nur dadurch, daß er böses Beispiel gegeben hat. Adams Tod ist nicht die Strafe für seinen Sündenfall, sondern etwas Natürliches.

70. Johann Adam Steinmetz (1689–1763) wirkte seit 1732 als Abt von Kloster Bergen und als Generalsuperintendent des Herzogtums Magdeburg. Er war der Verfasser von »Sendschreiben« und einer »Sammlung auserlesener Materien zum Bau des Reiches Gottes«.

71. Dr. Kämpf war früher Pfarrer in Baula im Elsaß gewesen. Wegen separatistischer Gesinnung mußte er sein Amt 1716 niederlegen. Er studierte nun Medizin und war seit 1719 als Spitalarzt in Zweibrücken tätig. Als Mann von hohen Gaben und großem Einfluß konnte er sich jahrelang in seiner Stellung halten, wiewohl er dem Kreis der Inspirierten angehörte. Erst im Jahr 1734 wurde er entlassen. Im Jahr 1736 zog er nach Homburg vor der Höhe, wo er eine berühmte medizinische Schule eröffnete, die auch Oetinger zu ihren Schülern zählte. Kämpf starb am 21. Juli 1753 im Alter von 66 Jahren.

72. Beate Sturm (1682–1730) übte in Stuttgart als Betreuerin der Armen und Einsamen eine gesegnete Tätigkeit aus. Georg Konrad Rieger, der ihr Leben beschrieben hat, hat ihr mit Recht den Namen einer »württembergischen Tabea« gegeben.

73. Die Karäer oder Kariiten sind eine jüdische Sekte. Sie nennen sich »Söhne der Schrift« im Gegensatz zu den »Söhnen der Überlieferung«. Die rabbinische Tradition lehnen sie ab und lassen nur gelten, was aus dem Gesetz durch genaue Erfassung des Wortsinnes zu entnehmen ist. Die Gründung der Sekte der Karäer durch Anan ben David hat im Jahr 761/2 n. Chr. stattgefunden. Um 1900 zählte man noch 5500 Anhänger der Sekte, die meistens in Rußland lebten.

74. Stephan Schulze war Mitglied des Institutum Judaicum in Halle. Von ihm erschien eine Beschreibung seiner Reisen, die den Titel trägt: »Die Leitungen des Höchsten nach seinem Rat« (1771 – 1775).

75. Benedikt Baruch Spinoza (1632 – 1677) hat sein System in folgenden Schriften niedergelegt »Ethik«, »Theologisch-politischer Traktat« und »Politischer Traktat«. Der Grundgedanke seines Systems ist: Die Natur selbst ist Gott. Je mehr wir darum die Einzeldinge erkennen, desto mehr erkennen wir Gott. Je mehr wir Gott erkennen, desto mehr lieben wir ihn. Diese auf Erkenntnis gegründete Liebe zu Gott ist ein Teil der unendlichen Liebe, mit der sich Gott selbst liebt. In dieser Liebe besteht unser Heil, unsere Glückseligkeit und unsere Freiheit. Für die christliche Idee der außerweltlichen Persönlichkeit Gottes, für die Offenbarung Gottes, für die Freiheit des menschlichen Willens und für die Fortdauer des menschlichen Geistes hat sein System keinen Raum.

76. Seine Frau *Christiane Dorothea Linsenmann* stammt aus Urach. Oetinger verlobte sich mit ihr während seiner Repetentenzeit in Tübingen. Die Trauung fand am 22. April 1738 in Urach statt. Sie schenkte ihrem Mann zehn Kinder, von denen sechs früh starben. Nach vierzehnjähriger Witwenschaft starb sie am 26. Dezember 1796 in Sindelfingen bei ihrer Tochter Eberhardina Sophia, die mit dem Pfarrer Joh. Ferd. Seiz verheiratet war.

77. Johann Arnd (1555 – 1621) zu Ballenstedt als Pfarrerssohn geboren, wandte sich nach der Genesung aus schwerer Krankheit vom Studium der Medizin dem der Theologie zu. In den Schriften des Bernhard von Clairvaux, Johann Tauler, Thomas von Kempen, der »deutschen Theologie« und Martin Luthers ging ihm ein neues Licht auf. Er wirkte als Pfarrer in Badeborn bei Ballenstedt, in Quedlinburg, Braunschweig, Eisleben und starb 1621 als Generalsuperintendent in Celle.

Was er mit seinem »Wahren Christentum«, der verbreitetsten Erbauungsschrift der evangelischen Christenheit, gewollt hat, sagt er selbst: »Erstlich habe ich die Gemüter der Studenten und Prediger wollen zurückziehen von der gar zu disputier- und streitsüchtigen Theologie. Zum anderen habe ich mir vorgenommen, die Christgläubigen von dem toten Glauben ab zu dem fruchtbringenden anzuführen, drittens sie von der bloßen Wissenschaft und Theorie zur wirklichen Übung des Glaubens und der Gottseligkeit zu bringen, und viertens zu zeigen, was das rechte christliche Leben sei, welches mit dem wahren Glauben übereinstimmt, und was das bedeutet, wenn der Apostel sagt: Ich lebe, doch nun nicht ich, sondern Christus lebt in mir.« Bekannt ist Arnds Wort: »Christus hat viele Diener, aber wenige Nachfolger.« Arnd hat sich auch dem Studium der Alchimie gewidmet. Dies zeigen zwei seiner Frühschriften: »Büchlein de antiqua philosophia« (von der Philosophie alter Zeit) und »Traktat de magis ex oriente« (von den Magiern aus dem Osten oder Weisen aus dem Morgenland). Das zuletzt genannte Büchlein scheint nicht mehr vorhanden zu sein.

72. Valentin Weigel (1533–1588) war bis zu seinem Tod Pfarrer in Zschopau. Die Mystik der deutschen Theologie und Johann Taulers hatte ihn stark beeinflußt. Nach seinem Tod gab der Kantor Weickart seine Schriften heraus: »Der güldne Griff«, »Kirchen- oder Hauspostill« und »Vom Ort der Welt«. Dadurch wurden seine mystisch-schwärmerischen Ideen bekannt und von der damaligen Theologie als Ketzerei (»Weigelianismus«) verurteilt. Weigel erwartete alles Begreifen Gottes und der Welt von der Selbsterkenntnis. Das äußere Gotteswort sei nichts nütze, wenn es nicht das innere Wort lebendig und klar mache und gleichsam ersetze. Das wahre Gebet bestehe nicht in der Bitte um irgend etwas Bestimmtes, sondern in der Versenkung in Gott. Was Christus in uns tue, könne uns helfen, nicht was er außer uns getan habe. Wir müßten mit ihm leiden, sterben und das Gesetz erfüllen.

79. Johann Oechslin (1677–1738) war zuletzt Oberhofprediger in Stuttgart. Von 1701–1707 war er Repetent im Stift zu Tübingen. Er schreibt in der Erinnerung an jene Jahre: »Meine glückseligste Zeit in der Welt für meine Seele war diejenige, als Gott durch ein paar Kollegen im Repetentenkollegium eine Erweckung nicht nur im Stipendium (Stift), sondern in ganz Tübingen gemacht, die gewiß gleich einem Donner viele

hundert Seelen bewegt und ihres Seelenheils wegen aufmerksam gemacht.«

80. Johann Reinhard Hedinger (1664–1704) war seit 1699 Hofprediger des Herzogs Eberhard Ludwig. Er war neben Johann Andreas Hochstetter ein ausgesprochener Freund und Befürworter des Pietismus. Durch seine machtvolle Persönlichkeit hat er diesem den Weg in Württemberg bereitet.

81. Karl Heinrich Rieger (1726–1791) war der Sohn des bedeutenden Erweckungspredigers Georg Konrad Rieger in Stuttgart. Nachdem er verschiedene Stellungen im württembergischen Kirchendienst bekleidet hatte, wurde er als Konsistorialrat der Nachfolger von Johann Christian Storr. Lange Zeit erfreuten sich seine »Betrachtungen über das Neue Testament«, die erst nach seinem Tod erschienen, großer Beliebtheit.

82. Jane Leade (1623–1704) war eine englische Mystikerin, die sich mit den Schriften Jakob Böhmes beschäftigte und Offenbarungen und Gesichte erlebte. Sie war an der Gründung der »Philadelphischen Gesellschaft« in London beteiligt. Ihre bedeutendste Schrift »Die himmlische Wolke« erschien 1681. Sie vertrat unter anderem die Lehre vom Tausendjährigen Reich und von der Wiederbringung aller Dinge.

83. Es handelt sich um ein Werk des Berners Beat Ludwig von Muralt »Lettres sur les Anglais et sur les Français« (Briefe über die Engländer und die Franzosen), Neuausgabe von O. von Greyerz und E. Ritter (1897). Vgl. Weinsberger Predigtbuch, 1. Sonntag n. Tr.

84. Lukas Osiander d. J. (1571–1638) schrieb gegen Johann Arnd »Theologisches Bedenken, welcher Gestalt Johann Arnds Bücher des genannten Wahren Christentums anzusehen« (1623).

85. Ehmann teilt mit, daß der Brief verlorengegangen sei. An Hand schriftlicher Aufzeichnungen gibt er den Inhalt folgendermaßen wieder: »Burk leugnete die Wiederbringung. Johann Albrecht Bengel erzählt von ihm folgende Geschichte, auf die Oetinger öfters anspielt: Burk, Dekan in Nürtingen, trug an dem Zustand des Christentums schwer bis zu seinem Tod. Er quälte sich entsetzlich. Nach seinem Tod erschien er seinem Freund, dem Pfarrer Osiander, bezeugte ihm seinen guten Zustand und nannte den Tag, an dem er die Vergebung seiner Sünden vom Haupt bis zu den Fußsohlen erlangt habe. Er bezeugte auch, daß er die Sache hätte leichter

nehmen können. Hinsichtlich der Menge der Werke könne man nicht zu viel tun, wohl aber hinsichtlich ihrer Art und Weise. Wenn einer einen hohen und gefährlichen Weg gehen muß, ist es doch nicht nötig, daß er immer die hohe und gefährliche Gegend ansieht und betrachtet; er gibt vielmehr genau auf den Weg acht und kommt auf diese Weise glücklich fort. Wie sich einer Gott vorstellt, so kann er ihn erfahren. Wer sich ihn mit kindlichem Vertrauen als Vater vorstellt, kommt leicht durch.« (Ehmann: Fr. Chr. Oetinger, 1859, Seite 150)

86. Emanuel Swedenborg (1688–1772) erlebte 1745 in London eine Vision, die sich in der darauffolgenden Nacht wiederholte. Er sah Gott, der zu ihm sprach: »Ich bin Gott, der Herr, der Weltschöpfer und Erlöser. Ich habe dich erwählt, den Menschen den geistigen Sinn der Heiligen Schrift auszulegen; ich werde dir selbst diktieren, was du schreiben sollst.« Swedenborg fährt dann in seinem Bericht über jene Vision fort: »In der nämlichen Nacht wurden mir zu meiner Überzeugung die Geisterwelt, die Hölle und der Himmel geöffnet. Täglich öffnete mir der Herr die Augen meines Geistes, bei völligem Wachen zu sehen, was in der andern Welt vorging, um ganz wach mit Engeln und Geistern zu reden.« In acht Bänden hat er in London während der Jahre 1749–1758 in der Form einer Auslegung der beiden ersten Mosebücher seine angeblichen Offenbarungen veröffentlicht. Es sind dies die sogen. »Arcana coelestia« (himmlische Geheimnisse).

87. Ferdinand Olivier Petitpierre war seit 1755 Pfarrer in Les Ponts (Neuenburg). Er starb 1790.

88. Jonas Korte, der von Beruf Buchhändler war, veröffentlichte 1743 und 1751 seine Schrift »Reise nach dem gelobten Land«.

89. Die alchimistischen Schriftsteller: Unter Alchimie verstand man vor allem die vermeintliche Kunst, unedle Metalle in edle zu verwandeln (sog. Transmutation). Die Alchimisten suchten daher vor allem die weiße und die rote Tinktur, auch der rote Löwe oder das große Elixier genannt. Die weiße Tinktur sollte die geringwertigen Metalle in Silber, das große oder rote Elixier wiederum dieselben in Gold verwandeln. Eine Spur des in Wachs gehüllten Präparates mußte auf flüssiges Blei, Zinn, Zink oder Kupfer geworfen werden. Diesen Vorgang nannte man die »Projektion«. Das große Elixier, auch der »Stein der Weisen« genannt, sollte nicht nur die Metalle

verwandeln, sondern auch in aufgelöster und verdünnter Form Krankheiten heilen und das Leben verlängern. Ihren Höhepunkt erreichte die Alchimie im 17. Jahrhundert. Die bekanntesten Alchimisten waren Irenäus Philaletha, Sebald Schwaertzer, Alex. Setonius Scotus, Michael Sendivogius, Lascaris, Sehfeld u. a. Eine bedeutsame Rolle spielten in der Alchimie die in arabischer und lateinischer Sprache verfaßten Schriften des Hermes Trismegistho, ferner die Schriften des Abtes Trithemius, des Arztes Joh. Baptista von Helmont und des Herward von Forchenbrunn. Von ihm stammt das Werk »Annulus Platonis« (Ring des Plato) oder »Die physikalisch-chemische Erklärung der Natur« (1723). Oetinger teilte seine Beschäftigung mit der Alchimie mit Leibniz und vielen anderen bekannten Geistesgrößen des 17. und 18. Jahrhunderts. Die Versuchung und Gefahr der Beschäftigung mit der Alchimie hat Jung-Stilling in seinem Roman »Theobald« aufgezeigt.

90. a. Die Alchimie behauptete, daß es nur eine einzige Materie gebe (Urstoff – prima materia), die sich entwickle und verwandle.

b. »Samen« war eine der Bezeichnungen, die die Alchimisten für »Materie« gebrauchten. Man unterschied männlichen und weiblichen Samen, Mann und Frau, Schwefel und Merkur (Quecksilber). Sie feiern die »chymische Hochzeit« im Ehebett der Retorte und geboren wird als »philosophisches Kind« – das »Salz«.

c. Die Materie ist für die Alchimisten ein »Myrionymus« (ein Ding mit tausend Namen). Sie heißt Mondkraut, weiße und rote Lilie an einem grünen Stengel, Schlange und Drache, Vogel des Hermes etc. Die verschiedenen Stufen oder Feuergrade, in denen sich das Präparat des Steines während der Darstellung befindet, heißen: Schwarzer Rabe, weißer Adler, weißer Schwan, weiße Taube, roter Salamander, roter Löwe, Pfauenschwanz etc.

d. »Und kommt nichts zur Vollkommenheit, wenn es nicht zuvor seine Farben vollendet hat.« (Hermetis Trismegisthi gülden Tractätlein von der Komposition des Steins der Weisen – 1674 – S. 4.)

e. Milch ist der Deckname für Quecksilber.

f. Der Hermes Trismegisthos ist eine sagenhafte Gestalt. Seine angeblich von ihm verfaßte »Tabula smaragdina« war der Kodex der Alchimie. Daher wird sie auch die hermetische

Kunst genannt. Das Wort »hermetisch« wird auch heute noch gebraucht und hat die Bedeutung: dicht oder fest verschlossen.

g. In der vorletzten Zeile des lateinischen Textes muß »morsi« verstümmelte Überlieferung sein. Ich habe es als »morderi« gedeutet (mordere = beißen, verletzen, brennen, sengen), was dann einem klassischen Akkusativ mit Infinitiv entspräche und einen Sinn gäbe: Der Vogel der Weisheit wird in reinem Feuer geboren, ohne irdische Zeugung.

91. Anthony Ashley Cooper Graf von Shaftesbury (1671–1713) war ein englischer Moralphilosoph, der im Sinn der heraufziehenden Aufklärung Schönheit und Harmonie als die Grundprinzipien des Guten erklärte. Seine Schriften sind unter dem Titel »Characteristics of men, manners, opinions and times« (Schilderung von Menschen, Sitten, Meinungen und Zeitverhältnissen) gesammelt worden.

92. Lutz Graf von Castell (1707–1772) war ein Freund des Pietismus. Mit Oetinger stand er in jahrelangem Briefwechsel.

93. Johann Ludwig Fricker (1729–1766) war der begabteste unter Oetingers Schülern. Im Jahr 1760 besuchte er die erweckten Kreise im Rheinland. Sein Einfluß auf Matthias Jorissen, Samuel Collenbusch und andere war nicht gering. Nach seinem frühen Tod erschien eine Sammlung seiner Gedanken unter dem Titel »Unvollständige, jedoch brauchbare Überbleibsel aus den hinterlassenen Handschriften eines einsichts- und erfahrungsvollen Mannes, des sel. Herrn Pfarrers Johann Ludwig Fricker« (1775).

94. Oetinger war in Weinsberg von 1752–1759 tätig. Er mußte in Weinsberg persönliche Verunglimpfung seines Familienlebens erdulden. Durch den Schulmeister und die eigene Dienstmagd wurden die ehrenrührigsten Gerüchte über seine Frau und seine Tochter ausgesprengt, als ob sie sich mit einem jungen Lehrer, der im Dekanatshaus Klavierunterricht erteilte, vergangen hätten. Die Vorwürfe waren nicht gerechtfertigt. Oetinger konnte seiner Frau das Zeugnis geben: »Sie ist so gerade und einfältig, so unerfahren im Bösen, daß ihre Fehler besser als der Pietisten Tugenden sind«. Die Lügenmäuler verstummten bald von selbst, und Oetinger ging still und gelassen seines Weges. »Dedolui!«, es ist verschmerzt, konnte er nach gründlicher Demütigung schreiben.

95. Der volle Titel lautet: »Die güldene Zeit oder Sammlung wichtiger Betrachtungen von etlichen Gelehrten zur Ermunte-

rung in diesen bedenklichen Zeiten zusammengetragen« (1759 bis 1761). Unter der güldenen Zeit verstand Oetinger das Tausendjährige Reich.

96. Über die in Herrenberg verbrachte Zeit schreibt Oetinger: »Des Sonntags halte ich Versammlung und lehre die Leute, gute Hausväter sein, auch gute Knechte und Mägde; denn Christen im Spekulieren [Grübeln und Forschen] gibt's genug, aber wenig, die Jesu Regel Matthäus 7, 12 ›Alles, was ihr wollt ...‹ auch praktizieren.«

Wie hoch er von treuer Pflichterfüllung dachte, zeigt folgende Geschichte aus seiner Herrenberger Zeit: Einst hatte er einen jungen Theologen, den Vikar von Tailfingen, als Gast über Nacht. Dabei schaute er von dem hochgelegenen Dekanatshaus lange auf die vom Mondlicht erhellte Gegend hin, ohne ein Wort zu sagen. Endlich fragte ihn der junge Mann, was er jetzt denke. Da erwiderte er ihm: »Mir fielen die treuen Weiber in den vor uns liegenden Dörfern ein, die eben jetzt die Kleider ihrer Kinder flicken oder für ihre Säuglinge sorgen, und ich dachte, es wäre gut, wenn ich einmal einen so guten Platz im Himmel bekäme wie diese.«

Während seiner schweren Erkrankung in Herrenberg (1762) verfaßte er das Lied »Hinweg, verwöhnte Pflege, willkommen Liebesschläge!«

97. Der volle Titel lautet: »Der irdischen und himmlischen Philosophie zweiter Teil, worinnen 1. Swedenborgs, 2. Malebranches, 3. Newtons, 4. Cluvers, 5. Wolffens, 6. Ploucquets, 7. Baglivs und 8. Frickers irdische Philosophie mit Hesekiels himmlischer Philosophie verglichen wird« (1765).

98. Philipp Matthäus Hahn (1739–1790) war seit 1764 Pfarrer in Onstmettingen, 1770 in Kornwestheim und 1781 in Echterdingen. Im Mittelpunkt seiner Verkündigung stand die Botschaft vom Königreich Gottes in Jesus Christus. Seine bedeutendste Schrift »Jesu Lehre und seiner Gesandten« erschien 1779. Er nahm sich eifrig des Stundenwesens in seinen Gemeinden an. Dabei ging es ihm um die Pflege gegründeter Erkenntnis (»Wie die Körper durch den Stoß, so werden die Seelen durch das Licht bewegt«) und um die Verwirklichung des Jüngergedankens in der Gemeinde. Seine Predigtsammlung (1774) erlebte zahlreiche Auflagen bis in die neueste Zeit. Hahn war aber nicht nur ein hervorragender Theologe, sondern auch ein großer Mathematiker und Mechaniker. Er ist der Erfinder des Zylinderganges in den Taschenuhren, der Förderer der Fein-

mechanik und der Verfertiger astronomischer Weltuhren gewesen. Goethe, Lavater und andere große Männer seiner Zeit standen mit ihm in Verbindung. Er erfreute sich der besonderen Gunst des Herzogs Karl Eugen von Württemberg und seiner Gemahlin Franziska von Hohenheim.

99. Auf die Prälatur in Murrhardt kam Oetinger im Jahr 1766. Er war mit ihrer Übernahme zugleich Mitglied der Landschaft geworden und erwies sich in dieser Stellung als ein charaktervoller Mann. Dabei trat er nicht nur gegen allerlei Mißstände im Verwaltungsausschuß auf, sondern forderte auch die Freilassung und Wiedereinsetzung von Johann Jakob Moser in sein Amt als Rechtskonsulent.

100. Johann Salomo Semler (1725–1791) war seit 1752 Professor der Theologie in Halle. Er hat durch seine wissenschaftliche Arbeit dem Rationalismus in der evangelischen Theologie die Bahn bereitet. Er erschütterte durch seine Kritik am Text der Heiligen Schrift und an der Geschichte des Kanons den Glauben an die Inspiration des göttlichen Wortes. Durch seine Unterscheidung von öffentlicher und privater Religion ist er der Wegbereiter für die geworden, die für sich die Freiheit von der biblischen Botschaft beanspruchen, aber der großen Masse gegenüber sich auf den Satz festlegen: Die Religion muß dem Volk erhalten bleiben!

101. Karl Friedrich Harttmann (1743–1815) war zuerst Professor an der von Herzog Karl Eugen neuerrichteten Militärschule auf der Solitude bei Stuttgart, dann Pfarrer in Kornwestheim, Dekan in Neuffen und zuletzt Dekan in Lauffen am Neckar. Albert Knapp nennt ihn einen Mann, »der mit großen Gaben sehr demütig einherging«. Er ist als Dichter geistlicher Lieder bekannt geworden. Sein Lied »Endlich bricht der heiße Tiegel ...« fand Aufnahme in viele evangelische Gesangbücher.

102. Johann Gerhard *Hasenkamp* (1736–1777) war seit 1766 Rektor des Gymnasiums in Duisburg. In seiner Jugend wurde er tief von den Schriften Bengels und Oetingers beeindruckt. Er war mit Gerhard Tersteegen und Samuel Collenbusch befreundet. Mit Collenbusch hat er eine eigenartige Lehre von der Heiligung in sieben Stufen entwickelt. Die Anregung zu dieser Lehre hat er durch die Gesichte und Offenbarungen der somnambul veranlagten *Dorothea Wuppermann* empfangen. Auf sie spielt Oetinger in der obigen Stelle an. Hasen-

kamp hat 1772 folgende Schrift Oetingers mit einer Vorrede herausgegeben: »Des durch die Demut großen Gelehrten, des Hochwürdigen Herzogl. Württembergischen Rats, Prälaten und Abts Herrn Friedrich Christoph Oetingers höchstwichtiger Unterricht vom Hohenpriestertum Christi«.

103. Es handelt sich um Dorothea Wuppermann aus Barmen (1747–1816). Sie gehörte zu dem Freundeskreis um Samuel Collenbusch, Johann Gerhard Hasenkamp in Duisburg, Heinrich Hasenkamp in Dahle und Gottfried Menken. Sie heiratete später den Pfarrer Friedrich Wilhelm Elbers in Lüttringhausen.

104. Wilhelm Abraham *Teller* (1734–1804) aus Leipzig wirkte im Geist eines verflachenden Rationalismus. Er starb als Oberkonsistorialrat in Berlin. Im Jahr 1772 erschien zum ersten Mal sein »Wörterbuch des Neuen Testaments zur Erklärung christlicher Lehre«, in dem er die Grundlagen des biblischen Christentums zu entwurzeln versuchte. Das Werk erlebte sechs Auflagen. Der altgewordene Oetinger hat wohl richtig gesehen, wenn er damals sein Wörterbuch den zerstörenden Kräften jener theologischen Richtung entgegenstellte.

105. Immanuel Kolb (1784–1859), ein Schüler Michael Hahns, hat 1849 ohne Angabe seines Namens die »Genealogie der reellen Gedanken eines Gottesgelehrten« herausgegeben; als Träger der Veröffentlichung werden »Freunde der Oetinger'schen Schriften« genannt.